मीडिया लाइफ

ड्रामा झोंक के, न्यूज रोक के

शशिकांत मिश्र

मीडिया लाइफ

ड्रामा झोंक के, न्यूज रोक के

फंडा
unda
राधाकृष्ण प्रकाशन का उपक्रम

इस उपन्यास के सभी पात्र एवं घटनाएँ काल्पनिक हैं। इनका किसी भी व्यक्ति या संस्थान से साम्य मिलना केवल एक संयोग मात्र है।

ISBN : 978-81-961487-9-9

मूल्य : ₹199

पहला संस्करण : 2023

फंडा राधाकृष्ण प्रकाशन का उपक्रम

प्रकाशक
राधाकृष्ण प्रकाशन प्राइवेट लिमिटेड
जी-17, जगतपुरी, दिल्ली-110 051

शाखाएँ : अशोक राजपथ, साइंस कॉलेज के सामने, पटना-800 006
पहली मंज़िल, दरबारी बिल्डिंग, महात्मा गांधी मार्ग, प्रयागराज-211 001
वेबसाइट : www.radhakrishnaprakashan.com
ई-मेल : info@radhakrishnaprakashan.com

विकास कंप्यूटर एंड प्रिंटर्स
ट्रॉनिका सिटी-201 102
द्वारा मुद्रित

MEDIA LIFE
Drama Jhonk Ke, News Rok Ke
Novel by Shashikant Mishra

मेरे भाई-दोस्त धनंजय भैया और विपिन त्यागी के लिए

क्रूर कोरोना ने दोनों को जुदा कर दिया लेकिन मौत बस उनके जिस्म को ले जा पाई, रूह तो उनकी आज भी साथ है। इस उपन्यास के हर एक कतरे में मौजूद हैं दोनों। दोनों मेरी तरह ही टीवी पत्रकार थे। मेरे जैसे बाई चांस वाले नहीं, बाई च्वाईस वाले। लेकिन अन्तिम समय में उन्हें लगने लगा था कि ये वो पत्रकारिता तो नहीं जिसको जीने के लिए उन्होंने अपना बहुत कुछ दाँव पर लगा दिया था। उपन्यास उन्हीं दोनों के मोहभंग से उपजा आख्यान है। मेरी भूमिका बस उनके जज्बात को जुबाँ देने भर की है।

मीडिया लाइफ

"देखो, सबसे पहले ट्रम्प को राडार पर लो। इस बार उसका काम तमाम करना है।"

"ओके, बॉस।"

"ट्रम्प के साथ उसकी बेटी इवांका भी है। उसे भी इसी बार निबटा दो।"

अमेरिकी खुफिया एजेंसियों में हड़कम्प मच गया। पूर्व राष्ट्रपति डोनाल्ड ट्रम्प दिल्ली में थे। लिहाजा, खुफिया एजेंसियाँ दिल्ली की हवा में तैर रही हर उस बातचीत को रिकॉर्ड कर रही थीं, जिसमें ट्रम्प का जिक्र हो रहा था। दुभाषिया हिन्दी में बोले गए शब्दों का मतलब बता रहा था।

"ट्रम्प का काम तमाम करना है मीन्स मिस्टर ट्रम्प का मर्डर! इवांका को भी निबटा दो! मीन्स इवांका का मर्डर!"

"ओ माई गॉड!" ट्रम्प का मुख्य सुरक्षा अधिकारी गिरते-गिरते बचा। दुभाषिया गौर से आगे की बात सुनने लगा।

"बॉस, इस बार इवांका को छोड़ दीजिए। टाइम बहुत कम बचा है।"

"नहीं, इवांका तो मस्त माल है। बिकनेवाली आइटम है। उसको तो कतई छोड़ना नहीं है।"

“मस्त माल! बिकनेवाली आइटम! मीन्स?” अमेरिकी सुरक्षा अधिकारी ने दुभाषिया से पूछा।

“सेक्सी आइटम सर! हाई प्राइस इन मार्केट!”

ट्रम्प का मुख्य सुरक्षा अधिकारी दहल उठा। अगली बातचीत सुनकर सबकी हालत और खराब।

“देखो, ज्यादा दिक्कत हो रही है तो ऐसा करो कि ट्रम्प को ऊपर से 6 इंच छोटा कर दो। इवांका को सीधे बीच से काट दो।”

“ट्रम्प को ऊपर से 6 इंच मतलब गर्दन साफ और इवांका को बीच से कट मतलब...! ओह नो!” दुभाषिया ने सिर पकड़ लिया।

“बॉस, सीधे काटने में पूरा मजा चला जाएगा। काटने से बढ़िया छीलना रहेगा! दोनों को थोड़ा-थोड़ा छीलते हैं। थोड़ा ऊपर से, थोड़ा नीचे से! क्या कहते हैं?”

“जो करना है करो, लेकिन दोनों आधे घंटे में हर हाल में निबट जाने चाहिए। बस, इतना ही टाइम है अपने पास।”

सुरक्षा अधिकारी काँपते हुए भारतीय एजेंसियों को फोन करने लगा। खबर सुनते ही भारत सरकार दहल उठी। ट्रम्प और इवांका को काटने और छीलने की साजिश! खबर मिलते ही प्रधानमंत्री, गृहमंत्री, रॉ चीफ—सबके पसीने छूटने लगे। ट्रम्प के आसपास सुरक्षा घेरा और सख्त कर दिया गया।

चन्द मिनटों बाद ही गाजियाबाद के हिंडन एयरपोर्ट से उड़े बमवर्षक विमान उस बिल्डिंग के ऊपर पोजीशन लेने लगे जहाँ यह बातचीत चल रही थी। दूसरी तरफ सुरक्षा एजेंसियों की कई गाड़ियाँ तेजी-से उस बिल्डिंग की तरफ दौड़ी जा रही थीं। मौके पर पहुँचते ही ब्लैक कैट कमांडो गाड़ी से कूदकर पोजीशन लेने लगे। कुछ कमांडो हेलीकॉप्टर से पहुँचे थे। वे छत के रास्ते बिल्डिंग में दाखिल होने लगे। उनके ऊपर बमवर्षक विमान फायर के आदेश का इन्तजार कर रहे थे। आखिर में ऑपरेशन इंचार्ज कमांडो की फौज लेकर पिछले दरवाजे से अन्दर दाखिल हुआ।

दिल्ली से सटे नोएडा फिल्म सिटी में ''हिन्दुस्तान न्यूज' चैनल' का दफ्तर था। वह और यह संदिग्ध वार्तालाप चैनल के आऊटपुट हेड त्यागी और न्यूज बुलेटिन बनानेवाले एक प्रोड्यूसर के बीच फोन पर हो रहा था। त्यागी आधे घंटे की बुलेटिन में ट्रम्प और इवांका की खबर हर हाल में लेना चाहता था। लिहाजा, वह प्रोड्यूसर को खबर की ड्यूरेशन कम करने के लिए अपने अन्दाज में कह रहा था।

ऊपर से छोटा करना मतलब कि खबर के ऊपरवाले हिस्से को हटाना, बीच से कट करना मतलब, नीचे की आधी खबर को हटाना! छीलने का मतलब खबर से अनावश्यक शब्दों को हटाना, किसी की लम्बी बात को छोटा करना। प्रोड्यूसर भी त्यागी के अन्दाज में जवाब दे रहा था। त्यागी बुलेटिन खत्म होने के बाद फिर प्रोड्यूसर से मुखातिब हुआ था।

"देखा बेटा मेरा कमाल! आधे घंटे में निबटा दिया दोनों को!"

"अरे सर, आप तो ग्रेट हैं! चलिए, ये दोनों तो खल्लास! अब अगला नम्बर किसका है?"

"इस बार इमरान और जिनपिंग को राडार पर लो। दोनों बहुते फनफना रहे हैं। अब उन दोनों का काम तमाम करते हैं।"

"सब तैयार है, बॉस। बस, आपके आदेश का इन्तजार है।"

साइड में खड़े कमांडो भी अपने बॉस के अगले आदेश का इन्तजार कर रहे थे, लेकिन उनका बॉस बिना कोई आदेश दिए फ्लैट हो गया। टीवी मीडिया की नई संस्कृति, नए नमूनों और नई भाषा-शैली से पहला वास्ता पड़ा था उसका और उसी में सब झटका खा गए थे।

थोड़ी देर बाद सब बाहर निकले तो बाहर सड़क पर दो और नमूने मिले। वे दोनों ''भारत टीवी'' के जर्नलिस्ट थे। चाय पीकर न्यूज रूम की तरफ लौट रहे थे।

"आज कोई भूल-चूक नहीं होनी चाहिए। इस बार पाकिस्तानियों को हर हाल में हलाल करना है।"

"पांडे सर, आप बिलकुल चिन्ता मत कीजिए। आज शाम 6 बजे

पाकिस्तानियों को धुआँ-धुआँ कर देंगे।"

"धुआँ-धुआँ!" ट्रम्प का सुरक्षा अधिकारी दुभाषिया की तरफ मुड़ा। इस बार दुभाषिये ने जवाब नहीं दिया। वह आज सही मायनों में शौक बहराइची साहब के दर्द को महसूस कर रहा था!

बर्बाद गुलिस्ताँ करने को बस एक ही उल्लू काफी था
हर शाख पर उल्लू बैठा है, अंजाम-ए-गुलिस्ताँ क्या होगा

"ओए, हिन्दुस्तानी भड़वे! जुबान पर कंट्रोल रख वरना...।"

"पाकिस्तानी कुत्ते! तेरी ये मजाल कि तू मेरी जुबान को कंट्रोल करेगा!"

"अबे, कंट्रोल नहीं, तेरी जुबान खींच लूँगा।"

"ये बात है? तो ले, ये रही मेरी जुबान। खींच के दिखा। ले खींच।"

"ओए, दो अँगुल की तो है तेरी जुबान। चुटकी में भी नहीं फँसेगी। जुबान देखनी है तो मेरी देख। यहाँ से फैलाऊँ तो तेरी पूरी दिल्ली लपेटे में आ जाएगी।"

''भारत टीवी'' का खास डिबेट शो था—'दम लगाकर हइशा!' शो में किसी एक मुद्दे पर पक्ष-विपक्ष की तरफ से मेहमान आते थे। देश-समाज के किसी गम्भीर मसले पर कुछ इसी अन्दाज में विचार-विमर्श करते थे। एंकर की भूमिका वही होती थी जो बॉक्सिंग रिंग में रेफरी की होती है।

आज का मुकाबला पाकिस्तान की 'पीटीवी' के साथ था। दोनों देश के सूरमाओं की जुबान टीवी स्क्रीन पर टकराने के लिए तैयार थी। दोनों मुँह खोले अपनी जिह्वा शक्ति का प्रदर्शन कर रहे थे। कुत्तों की तरह लपलपाती जीभ। 'भौं-भौं' के आवरण में भीषण शब्द बाण!

"देख ली मेरी जुबान! एक बात और कान खोलकर सुन लो। यहाँ से थूक दूँगा तो तेरी पूरी दिल्ली दब जाएगी।"

"तेरी ये मजाल कि तू मेरी दिल्ली पर थूकेगा? अरे, मैं यहाँ से मूत दूँगा तो तेरा पूरा पाकिस्तान बह जाएगा!"

दर्शकगण रोमांचित हो उठे। हिन्दुस्तान-पाकिस्तान के बीच अब तक उन्होंने कई तरह की टक्कर देखी थी। युद्ध में सैनिकों का शक्ति प्रदर्शन देखा था, खेल के मैदान में खिलाड़ियों की टक्कर देखी थी, यूएन में आरोप-प्रत्यारोप की बाजीगरी देखी थी, दोनों देशों के राजनेताओं की जुबानी जंग देखी थी, लेकिन ये 'थू-मू' की टक्कर!

"अरे वाह, पांडे सर! मजा आ गया! क्या डिबेट डिजाइन किया है आपने?"

दूसरे लोगों की तरह डिबेट शो का प्रोड्यूसर भी रोमांचित था। भावविभोर होकर अपने बॉस पांडे की तारीफ में कसीदे पढ़ने लगा।

"सर, क्रिएटिविटी हो तो आपकी जैसी! टीवी मीडिया की आनेवाले कल की तस्वीर आज ही दिखा दी। मान गए सर आपको! बस, दोनों गेस्टों को बोल दीजिए कि थोड़ा दम लगाकर थूकें और मू...।"

"समझा चुका हूँ। वो अपना काम कर लेंगे। तू अपना काम कर। कुछ कलेजाफाड़ पट्टी लिख।"

बॉस की गाली सुनकर शो प्रोड्यूसर अपने कर्मक्षेत्र में उतरा। 'भारत टीवी' चैनल पर ब्रेकिंग की पट्टी तेजी से बदलने लगी—

हिन्दुस्तान-पाकिस्तान के बीच परमाणु युद्ध से भी बड़ा युद्ध

पाकिस्तानी थूक और हिन्दुस्तानी मूत की टक्कर

एक से बढ़कर एक खतरनाक ब्रेकिंग पट्टी, लेकिन पांडे उतने भर से सन्तुष्ट नहीं हुआ।

"अब लोगों में देशभक्ति जगा। कुछ वीर रस टाइप की पट्टी लिख।"

प्रोड्यूसर की उँगलियों पर रामधारी सिंह 'दिनकर' और सुभद्रा कुमारी

चौहान की आत्मा जीवित हो उठी। राष्ट्रवाद के नए नारे स्क्रीन पर जोर-शोर से बुलन्द होने लगे—

पाकिस्तानी थूक का होनेवाला है हमला,

हिन्दुस्तान का हर बच्चा करेगा मुकाबला

सामने है कायर पाकिस्तानी पूत, दम लगाकर उस पर मूत

नई पट्टी से पांडे सन्तुष्ट हो गया। अपने अन्दाज में प्रोड्यूसर की उसने पीठ थपथपाई।

"बहुत बढ़िया, बेटे। एक बात है, गाली सुनने के बाद तू काम बढ़िया करता है।"

"सर, आपका ही शिष्य हूँ।"

शो प्रोड्यूसर पांडे का मुँहलगा था। उसे पांडे ने हँसी-मजाक करने की छूट दे रखी थी। उस छूट को लेकर ऑफिस में कई तरह की बातें होती थीं। वैसे प्रोड्यूसर क्रिएटिव भी बहुत था। हर शो में कुछ नया करना चाहता था।

"सर, शो का कैनवस थोड़ा बड़ा करें?"

"कैसे करेगा?"

"पाकिस्तानी थूक में चीन का थूक मिक्स कर देते हैं, भारत में अमेरिकी सू सू का पॉवर डाल देते हैं सर। यूनिक एंगिल, सर!"

"अबे नहीं। इससे अपना राष्ट्रवाद कमजोर पड़ जाएगा। लोगों को लगेगा कि हिन्दुस्तान का अपना मूत कमजोर है।"

"हाँ सर, ये बात तो है।" प्रोड्यूसर ने पांडे की 'हाँ-में-हाँ' मिलाई, लेकिन कुछ नया करने के लिए वह मचल रहा था।

"सर, डिबेट को हिन्दू-मुस्लिम कैनवस पर ले जाऊँ? महामुकाबला! मुस्लिम थूक बनाम हिन्दू...।"

"आइडिया तो अच्छा है, लेकिन इसमें एक लोचा है। ये हिन्दुस्तान-

पाकिस्तान का मामला है। इसमें हिन्दू-मुस्लिम एंगिल नहीं चलता है। देश के अन्दर हम हिन्दुस्तानियों का आपस में मुकाबला होता तो फिर चल जाता। चल क्या जाता, तब तो दौड़ जाता।"

प्रोड्यूसर ने गुरु ज्ञान को शिरोधार्य किया। ब्रेकिंग लिखना छोड़कर स्क्रीन की तरफ देखने लगा, जहाँ दोनों देश के सूरमा आमने-सामने डटे हुए थे। सब साँस रोके यह महामुकाबला देख रहे थे, लेकिन पड़ोस के 'हिन्दुस्तान न्यूज' में सबकी साँस उखड़ रही थी।

दोनों न्यूज चैनल नोएडा फिल्म सिटी में आसपास बसे हुए थे। दोनों के बीच हिन्दुस्तान-पाकिस्तान जैसा ही रिश्ता था। भारत-पाकिस्तान की तरह दोनों पड़ोसी ही नहीं, गुजरे जमाने में भाई-भाई भी थे, लेकिन अब दोनों चैनलों के बीच टीआरपी के लिए गला काट प्रतियोगिता चल रही थी।

जिस वक्त 'भारत टीवी' पर हिन्दुस्तान-पाकिस्तान का मुकाबला चल रहा था, ठीक उसी वक्त 'हिन्दुस्तान न्यूज' पर दो पॉलिटिकल पार्टियों के बीच मुकाबला चल रहा था। वहाँ भी गेस्ट एक-दूसरे को निगलने के लिए तैयार थे, लेकिन 'भारत टीवी' वाले इस मामले में आगे चल रहे थे। 'हिन्दुस्तान न्यूज' का त्यागी 'भारत टीवी' के मुकाबले को देखकर हिल उठा।

"अबे, आज की अपनी टीआरपी तो गई। ये पांडे क्या बवाल करा रहा है? अब अपने शो में क्या होनेवाला है?" बेचैनी-से टहलता त्यागी प्रोड्यूसर की तरफ मुड़ा।

"सर, दोनों गेस्ट एक-दूसरे पर कागज फाड़कर फेंकनेवाले हैं।"

"कागज फेंकनेवाले हैं! वहाँ पांडे थू-मू करा रहा है और तुम कागज फ़िकवा रहे हो! इससे अच्छा फूल फिंकवा देते। गाना भी बजा देते। *फूल आहिस्ता फेंको, फूल बड़े नाजुक होते हैं!* तुम सब ठस्स हो, ठस्स। ऐसा करो, जल्दी से ब्रेक लो।"

ब्रेक पर आते ही त्यागी तेजी-से स्टूडियो में शो की एंकर रागिनी के पास पहुँचा।

"रागिनी, ये 'भारत टीवी' वालों ने आज बड़ा खेल कर दिया है। वो देखो उनका चैनल। अब हमें भी कुछ ऐसा करना होगा। सब गौर से मेरी बात सुनो।"

"जी सर, जी सर। बताइए।" सब सावधान मुद्रा में आ गए।

"देखो, प्लान में चेंज है। अब कागज की जगह जूते-चप्पल का इस्तेमाल करना है। ब्रेक खत्म होते ही रागिनी तुमको उकसाएगी। पहले तुम आपस में गाली-गलौज करना। रागिनी तुम्हें जितना शान्त कराएगी, तुम्हें उतना ही ज्यादा बवाल काटना है। उसके बाद तुम दोनों रागिनी को धक्का दे देना। रागिनी स्टेज से नीचे आ जाएगी। उसके बाद तुम दोनों अपने जूते-चप्पल निकालकर आपस में भिड़ जाना। एक-दूसरे को दे जूता, दे चप्पल!"

"ओके, सर।" दोनों गेस्ट ने अच्छे बच्चे की तरह सिर हिलाया। उनकी शाम के दवा-दारू का खर्च डिबेट शो से ही निकलता था।

"सर, शो के बीच में जूता-चप्पल वाला एड चला देते हैं और उसी कम्पनी का जूता-चप्पल गेस्ट को पकड़ा देते हैं! डबल फायदा हो जाएगा, सर।" सलाह देनेवाला न्यूज में आने से पहले चैनल की मार्केटिंग टीम में था।

"जो करना है कर, लेकिन मारपीट रियल लगनी चाहिए। फिल्मी स्टाइल में मारपीट मत करने लगना।"

"सर, सर! मारपीट के तुरन्त बाद वो पेन रिलीफ बाम का एड चला दूँगा। बाम लगाओ, चुटकी में दर्द भगाओ! परफेक्ट टाइमिंग सर।"

त्यागी मौन स्वीकृति देते हुए स्टूडियो से बाहर निकल गया। ब्रेक खत्म होते ही 'हिन्दुस्तान न्यूज' के गेस्ट उसी अन्दाज में भिड़ गए जिस अन्दाज में त्यागी ने उन्हें समझाया था, लेकिन महफिल सही मायनों में 'भारत टीवी' वालों ने ही लूटी।

"तेरी ये मजाल कि तू पाकिस्तान पर प्राकृतिक हमला करने की बात करे? उससे पहले मैं अपने थूक से तुम्हें दबा दूँगा। आक थू।" पाकिस्तानी गेस्ट की थूक उसके कैमरामैन के चेहरे तक ही पहुँची, लेकिन उसकी धमक हिन्दुस्तान तक पहुँच गई।

"कमीने, तेरी ये मजाल कि तू हिन्दुस्तान पर थूके? रुक, अभी तेरे पूरे पाकिस्तान को समन्दर बनाता हूँ।"

हिन्दुस्तानी सूरमा तेजी-से डिबेट की टेबल पर चढ़ गया। उसने अपने पाजामे का नाड़ा ढीला कर दिया था। उसका लाल लंगोट स्क्रीन पर शोभायमान हो उठी, लेकिन हाय रे राष्ट्रद्रोही एंकर अमन! अन्तिम वक्त पर अक्षम्य अपराध कर डाला उसने। हिन्दुस्तान के चिर प्रतिद्वन्द्वी पाकिस्तान को बहने से बचा लिया। लाल लंगोट की लालिमा पर लगाम लगा दी उसने।

"प्लीज, प्लीज आप शान्त हो जाइए। हमें आपकी ताकत का पता है, लेकिन वो ताकत दिखाने के लिए ये सही मंच नहीं है। वो ताकत तो बिस्तर...!"

पाकिस्तानी एंकर ने अमन की बात का तुरन्त समर्थन किया।

"जी हाँ, आप बिलकुल सही फरमा रहे हैं, भाईजान। सही जगह पर सही ताकत का प्रदर्शन करना चाहिए। मैं अपने मेहमान की तरफ से आपके मेहमान से माफी माँगता हूँ।"

"ऐसे माफी नहीं मिलेगी। बिलकुल नहीं मिलेगी।" हिन्दुस्तानी गेस्ट गुस्से से थर-थर काँप रहा था। पाकिस्तानी एंकर उसे शान्त कराने की कोशिश करके थक चुका था।

"तो फिर आप ही बताइए, माफी कैसे मिलेगी?"

"अपने मेहमान का थूक वापस लो...।"

"थूक वापस! लेकिन वो कैसे मुमकिन...?"

"वो मैं नहीं जानता। जब तक उसका थूक वापस नहीं लोगे, मैं माफी नहीं दूँगा। हर्गिज, हर्गिज नहीं दूँगा।"

"लेकिन भाईजान, थूक वापस कैसे?"

"वो मैं नहीं जानता। थूक वापस लो, नहीं तो मेरा नाड़ा फिर खुला।"

हर तरफ हाहाकार मच गया। हिन्दुस्तानी सूरमा का लाल लंगोट फिर स्क्रीन पर चमकने लगा। पाकिस्तानी एंकर नए सिरे से मामले को रफा-दफा करने की कोशिश करने लगा।

"देखिए भाई साहब, प्लीज शान्त हो जाइए। हमें ये नहीं भूलना चाहिए कि हम दोनों केवल पड़ोसी नहीं है, भाई-भाई भी हैं। आप खुद को बड़ा भाई समझकर...।" पाकिस्तानी एंकर की बात पूरी हो पाती, उससे पहले ही हिन्दुस्तानी सूरमा ने उसकी बात लपक ली।

"तो देख ली छोटे भाई की तमीज। बड़े भाई पर थूकने की बात करता है।"

"अबे, कहाँ से बड़ा भाई? तेरी औकात है बड़ा भाई बनने की?"

पाकिस्तानी गेस्ट की नजर घड़ी पर थी। शो का टाइम खत्म होनेवाला था। शो के कोच और कैप्टन ने उसे समझाकर मैदान में भेजा था कि आखिरी समय में स्लॉग ऑवर वाले स्टाइल में बैटिंग करना है।

"@#$! तेरी ये मजाल कि तू मुझे #$$^ बोलेगा?"

"अबे ^&&%$ तेरी हैसियत है कि तुझे मैं $%^& बोलूँ?"

दोनों तरफ की गालियों की बौछार के बीच एंकर ने शो खत्म करने का ऐलान किया। उधर रागिनी ने अपने अतिथियों के बीच हुए मारपीट की कड़ी शब्दों में निन्दा करते हुए शो खत्म किया। कैमरा ऑफ होते ही सब शान्त भाव से अपने कामकाज में जुट गए। अपने गेस्ट से मुखातिब पाकिस्तानी टीवी का कैमरामैन सबसे जरूरी काम में जुटा हुआ था।

"^%$$#@ के! थूकने की नौटंकी करनी थी तो मेरा चेहरा बचाकर करता। मेरे चेहरे पर ही थूक दिया? चल निकाल साबुन के पैसे!"

"आइए, पांडे बाबा। आइए, रागिनी जी। आज तो आप दोनों ने मजा ला दिया। क्या शो किया है! मीडिया कसम, मजा आ गया।" शो खत्म के बाद पांडे और रागिनी चाय के लिए पहुँचे थे गुप्ता जी के पास।

गुप्ता जी जब भी कसम खाते थे, मीडिया की कसम खाते थे। कहते थे, कसम ऐसी खानी चाहिए जो सच हो जाए तो मजा आ जाए। फिल्म

सिटी के अन्दर घुसते ही कोने में उनकी दुकान है। उत्तम चाय और बिस्कुट के साथ स्वादिष्ट समोसा, पकौड़ी, पूड़ी-जलेबी का भी पूरा इन्तजाम है। अपने ग्राहकों को इन चीजों के साथ-साथ गुप्ता जी हर चैनल के अन्दर की चटपटी जानकारी भी देते थे। शो को और बेहतर बनाने के लिए बिन माँगे सुझाव भी देते थे।

"लेकिन पांडे बाबा, आज आपने हिन्दुस्तान की नाक कटा दी।"

"वो कैसे, गुप्ता जी?" पांडे हल्के-फुल्के अन्दाज में बोला। आज काफी खुश था वो। बॉस ने 'गुड जॉब' का मैसेज भेजा था।

"उस पाकिस्तानी को तो थूकने की इजाजत दे दी, लेकिन जब बारी पाकिस्तान को बहाने की आई तो शो खत्म कर दिया। जब पायजामा का नाड़ा खुल ही गया था तो आगे का कार्यक्रम भी हो जाने देते, बाबा।"

"गुप्ता जी, प्लीज। अब यहाँ भी पकाइए मत। चाय पिलाइए।"

रागिनी उखड़ी हुई थी। 'भारत टीवी' के सामने उसका शो फीका पड़ गया था। मारपीट जमी नहीं थी। वह अन्दर से उबल रही थी। उसका गुस्सा धुएँ के छल्ले का रूप धरकर बाहर निकल रहा था।

"पिला रहा हूँ, रागिनी जी। लेकिन आपने भी ठीक उसी समय शो खत्म कर दिया जब मारपीट जम रहा था। ये तो गलत बात है।"

"अरे गुप्ता जी, मैं तो मारपीट में खुद कूदने वाली थी। उन दोनों को दो-दो हाथ लगानेवाली थी, लेकिन त्यागी ने मौका ही नहीं दिया।"

"कोई बात नहीं, रागिनी जी। अगली बार मार लीजिएगा। त्यागी रोके, तो उसे ही ठोक दीजिएगा। एंकर ने बॉस को ठोका, ब्रेकिंग चल जाएगी और मजा आ जाएगा।"

पांडे और रागिनी रिलेशन में थे और इस बात की जानकारी ज्यादातर लोगों को थी। फिलहाल, दोनों एक-दूसरे के कम्पटीटर चैनल में काम कर रहे थे, लेकिन इससे उनके रिश्ते पर कोई फर्क नहीं पड़ता था। चैनल की नौकरी के अलावा दोनों साथ ही रहते थे। शाम की चाय तो दोनों गुप्ता जी की चाय दुकान पर साथ पीते थे।

"वैसे भी ये टीवी डिबेट शो में जब तक मारपीट न हो, इनके नाम जस्टिफाई नहीं होते हैं। अब देखिए, सारे चैनलों के डिबेट शो के नाम। सब मारपीट से जुड़े नाम। सब शान्ति के दुश्मन। तो नाम के अनुरूप काम भी तो होना चाहिए।"

पांडे और रागिनी खामोशी से चाय पीने लगे। उधर गुप्ता जी का प्रवचन बदस्तूर जारी था।

"आप दोनों को देखकर बुल्ला और ठुल्ला याद आते हैं, पांडे बाबा। आप दोनों की तरह ही उनके बीच भी दोस्ती थी, लेकिन वो दोनों आप लोगों की तरह शरीफ नहीं थे। दोनों शुरू से परले दर्जे के हरामी थे। इतने बड़े हरामी कि गोवर्धन बाबा को निपटा दिए। जिस गोवर्धन बाबा का पूरे नेपाल बॉर्डर पर कब्जा था, जिस गोवर्धन बाबा की इजाजत के बिना गाँजा-भाँग की एक पत्ती इधर से उधर नहीं होती थी, जिस गोवर्धन बाबा के आगे खाकी-खादी से लेकर बड़े-बड़े गुंडा-मवाली सिर झुकाते थे, उस गोवर्धन बाबा को दोनों ने मिलकर निपटा दिया। उसी गोवर्धन बाबा को निपटाने के बाद तो बुल्ला और ठुल्ला ने अपना चैनल शुरू किया है।"

बुल्ला मतलब विनोद वर्मा और ठुल्ला मतलब अमित मालवीय। विनोद वर्मा की बकरे जैसी दाढ़ी थी, इस नाते से वह बुल्ला हो गया। अमित मालवीय बैल की तरह डील-डौल वाला। अकड़ पुलिसवालों जैसी। लिहाजा, न्यूज चैनलों की दुनिया में वह 'ठुल्ला' उपनाम से कुख्यात हो गया।

विनोद वर्मा 'भारत टीवी' का मालिक था जबकि अमित मालवीय 'हिन्दुस्तान न्यूज' का। दोनों पहले गोवर्धन के चैनल में काम करते थे। तब उन दोनों ने मिलकर अपने चैनल के मालिक गोवर्धन को निपटाया था। गुप्ता जी अभी वही किस्सा चाय-टोस्ट के साथ पांडे और रागिनी को पेश कर रहे थे।

"गोवर्धन बाबा सन्त आदमी थे, पांडे बाबा। एकदम सन्त। उनके जैसा सात्विक जीव मैंने आज तक नहीं देखा। रोज शाम ढले गीत-गजल

की महफिल सजाते थे, चार पैग लगाते थे और फिर सो जाते थे। बीवी के मरने के बाद पीना भी एकदम बन्द, लेकिन दारू की अपनी आखिरी बोतल उन्होंने फेंकी नहीं थी। रोज शाम ढले उस बोतल को सामने टेबल पर रख देते थे। गीत-गजल सुनते थे। दो रोटी खाते थे और सो जाते थे। बोतल सामने रखी रहती थी, लेकिन उसे छूते तक नहीं थे। बस, सूनी आँखों से देखते रहते थे।"

"ऐसा क्यों, गुप्ता जी?" शराब की बोतल को लेकर रागिनी की उत्सुकता जगी।

"बड़ा जबरदस्त किस्सा है, रागिनी जी। सबको ये बात पता थी, लेकिन किसकी मजाल जो गोवर्धन बाबा से पूछे? अपने जमाने में गोवर्धन बाबा का रुतबा था, रुतबा। आपको पता है, मैं पहली बार यहाँ कैसे आया था? गोवर्धन बाबा गाँव गए हुए थे। मेरे बाबा मुझे लेकर उनके पास पहुँच गए। गोवर्धन बाबा ने एक कागज पर लिख दिया—बच्चा मेरा आदमी है। इसको नोएडा पहुँचने में मदद करें।

"रागिनी जी, बस कागज के उसी पर्ची को हर जगह दिखाकर मैं नोएडा पहुँच गया! न कहीं किराया, न कहीं खाने-पीने का खर्च। एक जगह तो पुलिसवालों ने अपनी गाड़ी में बिठाकर मुझे अगले स्टॉप तक पहुँचाया था। उस जमाने में ये था गोवर्धन बाबा का रुतबा। नाश्ता सोने की प्लेट में करते थे, पान चाँदी की प्लेट में सजती थी। बस नींबू-चाय वो शीशे की ग्लास में पीते थे। कहते थे—"गुप्ता, शीशे की गिलास में ये नींबू-चाय किसी हसीना से कम हसीन नहीं लगती है।" वो शराब की बोतल देखते हुए नींबू-चाय में चुस्की लगाते थे। रोज शाम का उनका रूटीन था ये। सामने शराब की बोतल, हाथ में शीशे की ग्लास में नींबू-चाय।"

गुप्ता जी की किस्सागोई जारी थी लेकिन रागिनी बेसब्र हो रही थी।

"गुप्ता जी, वो दारू की बोतल...।"

"हाँ, हाँ। वही बता रहा हूँ, रागिनी जी। तो एक दिन मैंने डरते-डरते उनसे दारू बोतल की बात पूछ ही ली। बाबा ने बुरा नहीं माना।

कहने लगे—"बेटा गुप्ता, इस दारू का तुम्हारी चाची से गहरा रिश्ता था। ये लालपरी, वो हुस्नपरी! इस लालपरी की ललकार को वो हुस्नपरी ही सँभालती थी। अब वो रही नहीं। ऐसे में अब अगर बहक गया तो कौन सँभालेगा? इसीलिए पीना छोड़ दिया, बस बोतल देखकर अपने को खुश रख लेता हूँ। बुल्ला और ठुल्ला के संगत में आने से पहले इतने चरित्रवान आदमी थे गोवर्धन बाबा।

"और रागिनी जी, गोवर्धन बाबा के बाल-बच्चे थे नहीं। बीवी के मरने के बाद स्वर्गारोहण की तैयारी कर रहे थे, लेकिन उनकी मति मार दी इन दोनों ने। इन दोनों हरामियों ने उनको न्यूज चैनल की रंगीनियों में इस कदर उलझाया कि बेचारे की जिन्दगी बेरंग हो गई। फिर से पीना शुरू कर दिया। शराब, शबाब, कबाब! उसी में लूट लिया बाबा को इन दोनों ने। अरे, उसी लूट के पैसे से तो अपना चैनल खड़ा किया है, लेकिन रागिनी जी, उस खेल में असल खिलाड़ी एक औरत निकली। उसने तो इन दोनों को वो सबक सिखाया कि ये जिन्दगी भर उसे याद रखेंगे।"

"कौन थी वो, गुप्ता जी?"

"अब वो किस्सा बाद में सुन लेना। चलो, बुलेटिन का टाइम हो रहा है।"

पांडे के ऑफिस से दो बार फोन आ चुका था। अधूरा किस्सा छोड़कर वो अपनी खबरों की दुनिया में लौट आया। सिगरेट का आखिरी कश लेने के बाद रागिनी भी अपने रूम की तरफ बढ़ चली।

"भाई, आज हजार से काम नहीं चलेगा। आज तो मैं दो हजार लूँगा।"

"दो हजार! वो भला क्यों? रेट तो हजार का है।"

"हाँ लेकिन इस रेट में केवल बहन की गाली सुनने की बात थी, लेकिन आज तो मैंने माँ की गाली भी सुनी है।"

चैनल में गाली का रेट फिक्स था। गाली रेट में मातृभक्ति पर जोर था। माँ की गाली देने और सुनने पर सबसे ज्यादा पैसा मिलता था। गाली देने और सुनने की संख्या के साथ-साथ गेस्ट के कद और पद को देखकर भी रेट में कमी-बेशी होती थी।

"और ये भी तो देखो। मैंने माँ की गाली देने और सुनने के साथ अपने पायजामे का नाड़ा भी तो ढीला किया है।"

पांडे जब वापस चैनल पहुँचा तो वहाँ गेस्ट को-आर्डिनेटर और गेस्ट के बीच पैसे को लेकर किच-किच चल रही थी। दोनों देशों के माननीय अतिथियों के बीच सार्वजनिक तौर पर राष्ट्रीय विचार-विमर्श हो चुका था और अब पर्दे के पीछे आर्थिक विमर्श चल रहा था। गाली सुनने और पायजामे के नाड़े को ढीला करने के रेट लग रहे थे।

रोज का किस्सा था यह। पांडे ने उस किस्से को निपटाने का जिम्मा गेस्ट को-ऑर्डिनेटर पर छोड़ दिया। उसके पिता की आढ़त थी। वहाँ छोटे किसान सब्जी लेकर आते थे और रेट को लेकर जमकर मोल-तोल करते थे। वीर बालक अपनी आढ़त पर इस तरह की किच-किच देखते हुए बड़ा हुआ था और उसे अच्छी तरह से पता था कि इस तरह के मोलभाव को आखिर में किस तरह निपटाया जाता है।

"खाली नाड़ा ढीला ही तो किया है। आगे कुछ किया होता तो उसका अलग से चार्ज देता।"

"भाई, कुछ तो मेरी इज्जत का खयाल कर। माँ की गाली भी सुनी है।"

"अरे भाई, दोस्ती-यारी में तो गाली-गलौज चलती ही रहती है। अब इसके भी एक्स्ट्रा पैसे लोगे?"

"भाई, तू ही तो कहता है धन्धे में दोस्ती-यारी नहीं होनी चाहिए। एक बार पाकिस्तानी चैनलवालों से बात करके तो देख। उससे बोल कि उसके गेस्ट ने फाऊल गेम खेला है। उसका पैसा काटकर इधर ट्रांसफर करे।"

"अच्छा चल, तू कहता है तो ये भी कर देता हूँ, लेकिन वो भिखमंगे देंगे नहीं, ये पहले ही बता देता हूँ। सालों ने पहले से मेरे पैसे मार रखे हैं।"

गेस्ट को-ऑर्डिनेटर ने पाकिस्तानी चैनल के गेस्ट कॉर्डिनेटर को फोन लगाया तो उसने एक ही रिंग पर फोन उठा लिया।

"अरे भाईजान, मैं आपको ही फोन लगानेवाला था।"

"क्यों? क्या हो गया?"

"अरे, यहाँ पर मेरा गेस्ट भड़का हुआ था। बोल रहा है कि मैंने बस तीन बार @#$ बोला। आपके गेस्ट ने उसे पाँच बार #$%^ बोल दिया। और इसी बात के लिए वो एक्सट्रा चार्ज कर रहा है।"

"और इधर मेरा वाला इस बात के लिए एक्सट्रा चार्ज कर रहा है कि तुम्हारे वाले ने पहले माँ की गाली दी।"

"अब आप ही बताओ भाईजान, क्या किया जाए? अगर इस तरह हम एक्सट्रा चार्ज देने लगें तो फिर तो चैनल हमारी माँ-बहन कर देगा।"

"सही कह रहे हो। मामला थोड़ा क्रिटिकल हो गया है। अच्छा ऐसा करो, अपने गेस्ट को लाइन पर लो। दोनों के बीच सुलह-सपाटा कराता हूँ।"

मजमा जम गया तो 'भारत टीवी' के गेस्ट कॉर्डिनेटर ने फैसला सुनाया।

"देख भाई, ऐसा है कि आज एक ने पहले गाली दी, दूसरे ने ज्यादा बार दी। अब ऐसा करो कि अगली बार ये सीन चेंज कर दो। अगली बार मेरा गेस्ट पहले गाली देगा और देख भाई पाकिस्तानी, तू गिनकर पाँच बार गाली दे देना। मेरा गेस्ट पहले गाली देगा, लेकिन बस तीन बार देगा। तू बाद में दियो, लेकिन गिनकर पाँच बार दे दियो। कोई कमी-बेशी नहीं करेगा। हिसाब बराबर।"

"अगली बार का अगली बार देख लेंगे। इस बार का एक्सट्रा चार्ज तो दे दो।" 'भारत टीवी' के गेस्ट ने गुहार लगाई। पाकिस्तानी गेस्ट ने बिना देर किए उसकी 'हाँ-में-हाँ' मिलाई।

"सही कह रहे हो, भाईजान। अभी का हिसाब अभी क्लियर करो। आगे की आगे देखी जाएगी।"

"अब ज्यादा मुँह मत फाड़ो। यहाँ तीन-तीन सौ पर गाली सुनने और देनेवाले गली-गली घूम रहे हैं। तुमको हजार दे रहा हूँ तो और ज्यादा मुँह

फाड़ रहे हो?" 'भारत टीवी' का गेस्ट कॉर्डिनेटर इस किच-किच से ऊब रहा था।

"क्या! इंडियन गेस्ट को हजार रुपये और मुझे बस दो सौ? उसमें से उस बदजात कैमरामैन ने साबुन के दस रुपये वसूल लिए। अल्लाह गारत करे तेरा।"

पाकिस्तानी गेस्ट अपने गेस्ट कॉर्डिनेटर को बद्दुआ देने में जुट गया। 'भारत टीवी' का गेस्ट चुपचाप अपना बैग उठाकर निकल लिया। एक दूसरे न्यूज चैनल पर गाली देने और सुनने का उसका टाइम हो चुका था।

"अरे वाह! क्या मस्त वीडियो खोजकर निकाले हो? कितने स्टाइल से ये खरगोश किस कर रहा है, एकदम जीभ से जीभ लड़ाकर!"

त्यागी 'दुनिया रंग रंगीली' शो बनानेवाले प्रोड्यूसर की तारीफ कर रहा था। शो की टैग लाइन थी—अच्छा देखो, अच्छा दिखाओ! शो चैनल के सीईओ का ब्रेन चाइल्ड था। लिहाजा, त्यागी उस शो के साथ किसी तरह का समझौता नहीं करता था। खुद अपनी देखरेख में शो तैयार कराता था।

"और वो साइड में देखिए, सर। एक दूसरा खरगोश कैसे उदास भाव से इस 'किसलीला' को देख रहा है!"

"किसलीला? अरे वाह! तुमने तो आज फिर एक नया शब्द खोज लिया! किसलीला! हिन्दी के शब्द भंडार को और समृद्ध कर दिया। वाकई सीईओ सर की पारखी नजर है। तुम्हारी इस प्रतिभा को सबसे पहले उन्होंने ही पहचाना था।"

एक गलती से उस बालक की यह प्रतिभा सामने आई थी। उस रोज कुछ आतंकवादी कश्मीर घाटी में घुस आए थे। ब्रेकिंग लिखते वक्त लड़के ने गलती से 'घुसपैठ' की जगह 'घुसबैठ' लिख दिया। संयोग से उस समय

सीईओ न्यूज रूम का मुआयना कर रहे थे।

"ओ ग्रेट! व्हाट ए लाइन! आतंकवादियों की कश्मीर घाटी में घुसबैठ! घुसबैठ! व्हाट ए फैंटास्टिक वर्ड! मैं आप सबसे इसी तरह के एक्सपीरिमेंट करने के लिए कहता हूँ। कुछ सीखिए इस लड़के से जिसने ये लिखा है।"

जिस लड़के ने 'घुसबैठ' लिखा था, उसकी हालत खराब। लगा देने सफाई।

"सॉरी सर, वो तेजी-से लिखने की वजह से 'घुसपैठ' की जगह 'घुसबैठ'...।"

"नो सॉरी। इट्स योअर न्यू लेवल ऑफ क्रिएटिविटी। बाई द वे, ये घुसपैठ का लॉजिक क्या है? जब टेररिस्ट बॉर्डर में एंट्री कर गया है, व्हाट कॉल्ड इन हिन्दी? घुस गया है दैन व्हाट लॉजिक ऑफ पैठ? पैठ का मतलब किसको पता है? मुझे तो नहीं पता। आपमें से किसी को पता है?"

किसकी मजाल जो पैठ का मतलब अपने सीईओ को समझाए? सब खामोश। सबके दिमाग में तारीफ या तंज का सवाल घूम रहा था।

"घुसबैठ इज मोर लॉजिकल दैन घुसपैठ। आतंकवादी घुसे और बैठ गए! घुसबैठ। क्रिस्टल क्लियर मैसेज। पब्लिक एक शब्द देखते ही पूरा माजरा समझ जाएगा।"

"सर, आतंकवादी लेट भी तो सकते हैं।"

घुसबैठ लिखनेवाला लड़का तारीफ या तंज की उलझन से बाहर आ चुका था। उसका दिमाग कह रहा था कि इस गलती पर ससुरा सीईओ उसे शहीद करके ही मानेगा। दिमाग की बात सुनकर दिल ने कहा कि जब शहीद होना ही है तो लड़कर क्यों नहीं हो रहे हो? लड़का सीईओ पर पलटवार कर बैठा, लेकिन सीईओ साहब सम्पादक नहीं थे। जूनियर की सलाह को अपने अधिकार क्षेत्र का अतिक्रमण नहीं मानते थे।

"यस, यू आर राइट। दैन यूज 'घुसलेट'! आतंकवादी घुसे और लेट गए। 'घुसलेट'। आतंकवादी बैठे हुए हैं दैन 'घुसबैठ'। लेटे हैं दैन 'घुसलेट'!"

सीईओ साहब प्रयोगधर्मी होने के साथ-साथ 'बी पॉजिटिव' वाली कैटेगरी के भी थे। उनकी इस कैटेगरी का खुलासा उस दिन हुआ था जिस दिन उन्होंने चैनल के तमाम लोगों को पहली बार सम्बोधित किया था।

"आपको पता है, इंडियन टीवी न्यूज इंडस्ट्री की सबसे बड़ी प्रॉब्लम क्या है? निगेटिविटी। एवरीव्हेयर निगेटिविटी। करप्शन, क्राइम, सुसाइड, रेप, गैंगरेप, टेरेरिज्म, मॉब लींचिंग, लव जिहाद, ऑनर किलिंग। चैनल देखो तो लगेगा कि इंडिया में कुछ अच्छा हो ही नहीं रहा है। एवरीवेयर रांग। बट दिस इज नॉट ट्रू। ये इंडिया शुरू से ऐसा है जैसा आज है।

"आप रामा राज्या की बात करते हो, लेकिन क्या आपको पता है कि पुअर मदर शबरी ने गॉड राम को वो चीप फ्रूट...व्हाट इज सेइंग? यस बेर...तो बेर क्यों खिलाया था? क्योंकि उसके होम में ब्रेड-बटर नहीं था, बर्गर नहीं था, सैंडविच नहीं था, आइसक्रीम नहीं था, पिज्जा नहीं था। वो पुअर था। वैसा ही पुअर जैसा आज के विलेज का पुअर लेडीज लोग होता है।

"वो महाभारता फेज में द्रोणा था। गुरु द्रोणा। उसका बच्चा एक बार उससे मिल्क माँगा तो पता है उसने क्या किया था? वो जिससे रोटी बनाता था, आटा, तो उसने आटा को वॉटर में मिक्स करके दे दिया। व्हाई? बिकॉज उसके होम में मिल्क नहीं था। मिल्क होता तो वो अपने बच्चे को जरूर मिल्क देता। उसका हालत तब सुधरा जब राजा के पास उसे जॉब मिला।

"तो ये बात बकवास है कि पहले देश में दूध की नदी बहती थी या वो क्या सांग है?

'जहाँ सोने की डाल-डाल पर करती थी चिड़िया बसेरा!'

सब बकवास। सब फालतू। ये इंडिया ऐसा ही था, है और रहेगा। इसी में जीने की आदत डाल लो। प्रॉब्लम का रोना बन्द करो, जस्ट इंज्वॉय। पब्लिक को खुश करनेवाली खबरें दिखाओ, देश से प्रेम जगानेवाली खबर दिखाओ, दुश्मन देश को तोड़ने फोड़नेवाली खबर दिखाओ। पाकिस्तान की

बदहाली दिखाओ। हिन्दुस्तानी उसे देखकर अपनी बदहाली भूल जाएँगे।"

टीवी न्यूज के लिए सीईओ साहब का सूत्र वाक्य था—जो दिखता है, वो बिकता है। तो दिखने के लिए सबसे जरूरी क्या है? चमकना। टीवी का चेहरा चमकाओ, टीआरपी पाओ! सीईओ साहब के इसी सूत्र वाक्य को अमली जामा पहनाने में जुटा था त्यागी।

"इन खरगोशों के 'किसलीला' में तो लव ट्राएंगल दिख रहा है वीर बालक! गर्लफ्रेंड, ब्वॉयफ्रेंड और गर्लफ्रेंड का फ्रेंड। जो उदास भाव से इस 'किसलीला' को देख रहा है, वह तीसरा है।"

"हाँ सर, एंगल तो जबरदस्त निकाला है आपने। पब्लिक को मजा खूब आएगा।"

"वही तो। ऐसा कर पब्लिक का फोनो लो। उनसे इस तीसरे खरगोश पर बात करो। उनसे पूछो कि अपनी गर्लफ्रेंड की इस बेवफाई को देखकर उसके दिल पर क्या गुजर रही होगी?"

"लेकिन सर, ये क्या गारंटी है कि वो गर्लफ्रेंड ही है? ब्वॉयफ्रेंड भी तो हो सकता है।" प्रोड्यूसर ने अपना दिमाग लगाया। त्यागी ने उसके दिमाग की तारीफ भी की!

"हाँ यार, इस एंगिल पर तो मैंने गौर ही नहीं किया था!"

"सर, वो वाला केस भी हो सकता है। दोनों लौंडे खरगोश भी हो सकते हैं।"

"तब तो दोनों लौंडिया खरगोशी भी हो सकती हैं।"

"अरे वाह सर! आपने भी एक वर्ड का ईजाद कर दिया। खरगोशी! बिलकुल दोनों खरगोशी हो सकती हैं, सर।"

"यार! ये तो बहुत बड़ी खबर बनती जा रही है। इस खबर से तो टीआरपी की बरसात हो सकती है।"

"बिलकुल सर, लेकिन पहले ये तो तय हो, ये दोनो हैं क्या? खरगोश या खरगोशी?"

प्रोड्यूसर का सवाल वाजिब था। किसी तरफ से जवाब आ पाता,

उससे पहले ही असाइनमेंट का लड़का भागा-भागा वहाँ पहुँचा।

"त्यागी सर, विदर्भ में एक किसान ने अपनी पत्नी के साथ सुसाइड कर लिया है।"

"अबे चुप। ये विदर्भ वाले हर साल यही काम करते हैं। सीईओ सर एकदम सही कहते हैं—एवरीव्हेयर निगेटिविटी इन इंडिया। जब पता है कि कपास में फायदा नहीं है तो फिर कर्ज लेकर लगाते क्यों हैं? जा जाकर फटाफट वालों को बता दे। वो चला लेंगे। हाँ, तो फिर ये तय कैसे होगा कि ये खरगोश मेल है या फीमेल?"

असाइनमेंट वाले लड़के को झिड़कने के बाद त्यागी फिर अपने अति महत्त्वपूर्ण प्रोजेक्ट में बिजी हुआ।

"सर, विजुएल जूम इन करके देखने पर भी कुछ पता नहीं चल रहा है।"

जिस वीडियो एडिटर पर विजुएल को चमकाने-दमकाने की जिम्मेदारी थी, वह बहुत देर से खरगोशों के लिंग-निर्धारण में लगा हुआ था। विजुएल को क्लोज करने के बाद वह उसे हर एंगिल से देख चुका था, लेकिन दिव्य दर्शन नहीं ही हुए।

"ये फॉरेन के कैमरामैन गदहे होते हैं। जरा भी न्यूज सेंस नहीं होता है। खबर के हिसाब से वीडियो ही नहीं शूट करते हैं।"

"लगता है, बनारस वाले स्ट्रिंगर का कैमरामैन भी पहले विदेशी चैनल में काम करता था। गलती उसने की थी, गाली मुझे पड़ी थी।"

वाकई बहुत बड़ी गलती की थी उस कैमरामैन ने। स्ट्रिंगर की खबर हाहाकारी थी। 'बकरा बाबा की मौत से सदमे में डूबा परिवार, वैदिक रीति-रिवाज से किया अन्तिम संस्कार!' खबर के मुताबिक एक बनारसी परिवार के किसी पूर्वज ने बकरे के रूप में पुनर्जन्म लिया था। परिवार के वही बकरा दादा पिछली रात गुजर गए थे। स्ट्रिंगर ने कविता पाठ के अन्दाज में इमोशनल कॉपी लिखी थी। उसके कैमरामैन ने रोते-बिलखते परिवार का हर एंगिल से इमोशनल शॉट लिया था।

खबर के व्यापक राष्ट्रीय महत्त्व और कैची विजुएल को देखकर त्यागी उछल पड़ा। तुरन्त आधे घंटे के शो का प्लान कर लिया, लेकिन पहली खबर चलते ही बवाल मच गया। 'राम नाम सत्य है' के मार्मिक उद्गार के बीच बकरा बाबा मस्त होकर अपनी टाँग हिलाते दिख गए।

बकरा बाबा की उस हरकत को देखते ही त्यागी डैमेज कंट्रोल में जुट गया था। खबर को उसने नया एंगिल दे दिया—बकरा बाबा का पुनर्जन्म LIVE! बकरा बाबा की आत्मा फिर से अपने मृत शरीर में लौटी! जैसे-तैसे डैमेज कंट्रोल करने के बाद त्यागी मुखातिब हुआ था शो के गुनहगारों की तरफ।

अगर फोन पर गोली मारने की तकनीक होती तो त्यागी उस रोज अपने स्ट्रिंगर और उसके कैमरामैन को गोली मार चुका होता। दूर होने की वजह से उन दोनों पर त्यागी केवल गाली बाण चला पाया था, लेकिन वीडियो एडिटर तो ऑफिस में ही था। त्यागी अपने 'गाली पुराण' के साथ उसको एडिटिंग की ज्ञान गंगा में डुबकी लगवाने लगा!

"और तुम साले! उस एक शॉट को काट नहीं सकते थे? क्या जाता था टाँग हिलानेवाले शॉट को नहीं दिखाने में? केवल उस एक शॉट को काट देते तो चैनल की $#@% नहीं होती।"

वीडियो एडिटर उसी वाकये को याद करके बनारस वाले कैमरामैन को कोस रहा था, लेकिन किसी ने उसकी बात पर गौर नहीं किया। सब अपने-अपने काम में बिजी थे। असाइनमेंट का लड़का अपनी खबर बेचने के फिराक में था।

"त्यागी सर, प्लीज। एक बार विजुअल तो देख लीजिए। उस किसान की बेटी बहुत खूबसूरत है। उसकी कजरारी आँखों से छलकते सफेद आँसू! खबर में गजब का कॉन्ट्रास्ट उभरेगा, सर!"

"सही कह रहा है?"

"बिलकुल सर, फटाफट में इतना शानदार विजुअल मर जाएगा। कम-से-कम आधे घंटे का शो बनना चाहिए। शो हिट होने की मेरी गारंटी।"

"चल, विजुअल दिखा।"

त्यागी असाइनमेंट वाले लड़के के साथ आगे बढ़ लिया, प्रोड्यूसर को जरूरी नसीहत देते हुए।

"शो में एक एनिमल एक्सपर्ट बुला ले। वही बताएगा कि ये ससुरे हैं क्या? वैसे ठरकी तो हैं दोनों। खुले में ही शुरू हो गए हैं! एनिमल एक्सपर्ट ही इनका लिंग-निर्धारण करेगा। अपना दिमाग कितना लगाएँ?"

"सही कह रहे हैं, सर।"

प्रोड्यूसर ने इसके आगे की बात वीडियो एडिटर से हौले-से कही, "दिमाग लगाने से साले का घुटना दर्द करने लगता होगा!"

"सर, इसी न्यूज पर रागिनी परसों शो कर चुकी है। हम फिर करेंगे तो शो पिट जाएगा। नया कुछ भी नहीं है हमारे पास।"

"बकवास मत करो। आउटपुट हेड मैं हूँ या तुम?"

न्यूज मीटिंग में पांडे और अमन के बीच गरमागरम बहस हो गई। पांडे जिस खबर पर डिबेट शो करना चाह रहा था, अमन उसके लिए तैयार नहीं हो रहा था।

"आउटपुट हेड हैं आप, लेकिन एंकर मैं हूँ।" पाकिस्तान वाले शो के सफल संचालन के बाद अमन का बाजार भाव बढ़ गया था। एक दूसरे चैनल के बॉस ने भी उसे बधाई दी थी, लेकिन पांडे उसे उसकी औकात बताने का फैसला कर चुका था।

"तो बस एंकर ही रहो। ज्यादा उड़ने की कोशिश मत करो। बकवास बन्द करो और जाकर तैयार हो जाओ। शो का टाइम हो रहा है। सब उसी लाइन-लेंथ पर रहेंगे जो मैंने ब्रीफ किया है।"

खबरों की दुनिया में लाइन-लेंथ शब्द का प्रचलन क्रिकेट के खेल से हुआ है। क्रिकेट के खेल में बॉलर एक खास लाइन-लेंथ पर बॉल डालने

की कोशिश करता है ताकि वह बल्लेबाज का विकेट ले पाए। दूसरी तरफ बल्लेबाज बॉलर की लाइन-लेंथ के हिसाब से बैटिंग करता हैं ताकि ज्यादा-से-ज्यादा रन कूट सके।

टीवी सम्पादकों को क्रिकेट के खेल में लाइन-लेंथ का यह लफड़ा खेल भावना के खिलाफ लगा। बल्लेबाज दिमाग लगा रहे हैं कि बॉलर किस लाइन-लेंथ पर बॉल डालेगा, बॉलर बेचारा परेशान रहे कि गेंद को किस लाइन-लेंथ पर डालूँ ताकि बल्लेबाज़ रन न बना सके। दोनों अनिश्चय की स्थिति में, एक-दूसरे को सन्देह की नजरों से देखते हुए, खेल के मैदान में युद्धक्षेत्र जैसा नजारा!

टीवी के दिग्गजों को यह स्थिति कतई सुखद नहीं लगी। लिहाजा, उन्होंने लाइन-लेंथ के बवाल में बुनियादी परिवर्तन कर दिया। बॉलर को पहले से बता दिया कि भाई, तुम इस लाइन-लेंथ पर बॉल डालना, बल्लेबाज को बता दिया कि इस लाइन-लेंथ पर बॉल आएगी और तुम उसी हिसाब से बल्ला चलाना। इस पूरे खेल में एंकर को बस इस बात का खयाल रखना था कि खिलाड़ियों के अन्दर खेल भावना बनी रहे।

"अपनी आइटम की टीआरपी उठाने के लिए मेरे शो को बर्बाद कर रहा है। वो #$%% रागिनी, उसकी आइटम है न! कल उसका शो डाउन चला गया तो आज मेरा शो डाउन कर रहा है। अपनी गर्लफ्रेंड के चक्कर में अपने चैनल की &^*(#@ कर रहा है।"

मेकअप कराते समय अमन तबीयत से पांडे को गाली दे रहा था, दूसरी तरफ पांडे शो के गेस्टों को अलग से कुछ खास समझा रहा था। अमन के बगावती तेवर को देखते हुए उसने डिबेट के लाइन-लेंथ में आमूलचूल बदलाव का फैसला किया था। उसका फैसला सुनते ही दोनों गेस्ट हिल उठे।

"लेकिन, पांडे सर...!"

"कोई लेकिन-वेकिन नहीं। जितना कह रहा हूँ, चुपचाप उतना करो।"

"सर, हमें वो करने में कोई दिक्कत नहीं है। उल्टे, हमें तो मजा

आएगा, लेकिन आप देख लीजिए। बात कहीं आगे तो नहीं बढ़ेगी? कहीं अमन...।"

"उसकी तुम चिन्ता मत करो। सब सँभाल लूँगा मैं। बस, जितना समझाया है, उतना ठीक से करना।"

"सब कोई मेरी बात गौर से सुनो। डिबेट शो में 'भारत टीवी' वालों ने लीड ले ली है। बॉस बुरी तरह भड़के हुए हैं।"

'हिन्दुस्तान न्यूज' का त्यागी भी डिबेट शो से पहले अपनी टीम के साथ शो की लाइन-लेंथ तय कर रहा था।

"लेकिन सर, कल तो हमने भी मारपीट की थी।" शो प्रोड्यूसर की नजर अगले महीने होने वाले इंक्रीमेंट पर थी। हर साल इंक्रीमेंट से पहले त्यागी उसकी कमियाँ निकालने में जुट जाता था ताकि इंक्रीमेंट के मुद्दे पर प्रोड्यूसर बैकफुट पर रहे। इस बार वह प्रोड्यूसर एलर्ट था, लेकिन उसे खबर नहीं थी कि बॉस के खून में ही इस तरह की एलर्टनेस होती है।

"तो कौन-सा बड़ा तीर मार लिए? 'भारत टीवी' वाले तो कई बार मारपीट करा चुके हैं। अपने यहाँ भी हुआ है। बॉस चाह रहे हैं कि आज हम किसी नए आइडिया पर काम करें। कुछ ऐसा करें जो आज तक किसी डिबेट शो में नहीं हुआ हो।"

"जी, सर।" प्रोड्यूसर ने सरेंडर करने में ही भलाई समझी। बॉस भड़क गया तो इंक्रीमेंट छोड़ो, पीआईपी (परफॉर्मेंस इम्प्रूवमेंट प्लान) में भेज देगा। वहाँ एचआर वाले बन्दे उसे काम सुधारने के तरीके बताने के बहाने कान पकड़कर बाहर करने का प्लान बनाकर बैठे मिलेंगे।

प्रोड्यूसर के दिमाग में यही सब कुछ चल रहा था, दूसरी तरफ त्यागी शो का फॉर्मेट तैयार कर रहा था। सबसे पहले उसने डिबेट का वन लाइनर

तय किया—जौनपुर में साम्प्रदायिक तनाव का कसूरवार कौन? उसके बाद वह डिबेट की लाइन-लेंथ तय करने लगा। शो की शुरुआत कैसे करनी है, शुरू में कौन क्या बोलेगा, क्या जवाब देगा, एंकर किस तरह से दोनों को हैंडिल करेगी और आखिर में शो को किस नोट पर खत्म करना है, सब कुछ त्यागी ने विस्तार से सबको समझाया।

"अब बताओ, कैसा लगा मेरा आइडिया?"

"सर एक्सीलेंट! मार्वलस!" प्रोड्यूसर त्यागी की तारीफ में पुल बाँधने लगा।

"बताओ रागिनी, आज तक टीवी की दुनिया में ऐसा डिबेट शो हुआ है?"

"सवाल ही नहीं उठता है, सर। डिबेट शो में कोई किसी पर चीखेगा नहीं, चिल्लाएगा नहीं। सब आराम से बात करेंगे, दोनों गेस्ट के बीच सलीके से बात होगी। दोनों फैक्ट्स और फिगर के साथ अपनी बात रखेंगे। टीवी के डिबेट शो में कभी ऐसा होगा, ये कोई सोच भी सकता है?"

"और वो गाना भी बजेगा—*ये दोस्ती हम नहीं तोड़ेंगे।*" त्यागी ने शो के प्रोड्यूसर को याद दिलाया।

"और शो के आखिर में जब दोनों गेस्ट एक-दूसरे को गले लगाएँगे तो पुष्पवर्षा होगी।"

"ओ माई गॉड! मैं कोई ख्वाब तो नहीं देख रही हूँ? सबके ऊपर फूल बरसाए जाएँगे?" रागिनी भावविभोर हो रही थी।

"हाँ रागिनी, और उसी पुष्पवर्षा के बीच हमें साबित कर देना है कि जौनपुर में जो साम्प्रदायिक तनाव हुआ है, उसके लिए केवल और केवल अंग्रेज जिम्मेदार हैं।"

"अंग्रेज!" एक मेहमान पहले त्यागी की बात को ठीक से नहीं सुन पाया था। अब त्यागी ने उसको तबीयत से समझाया।

"एक बार में समझ नहीं आता है क्या, चपड़गंजू? भारत में साम्प्रदायिकता का जन्म वाला चैप्टर नहीं पढ़े हो क्या? अंग्रेजों ने ही तो

भारत में हिन्दुओं और मुस्लिमों के बीच फूट के बीज बोए थे। तो ऐसे में जौनपुर दंगे के असली जिम्मेदार तो वही हुए। लाइन लेना कि अंग्रेजों को हिन्दुस्तान से गए 75 साल हो चुका है, लेकिन उन्होंने जो साजिश के बीज बोए थे, उसी का नतीजा है जौनपुर का मौजूदा साम्प्रदायिक तनाव। इसको ठीक से जस्टिफ़ाई करना है।"

"कर देंगे सर, सब कर देंगे। आप निश्चिन्त रहो।"

"गुड, किसी तरह की गड़बड़ी नहीं होनी चाहिए। मुकाबला 'भारत टीवी' वालों से है। पांडे से। पता नहीं, वो आज क्या गेम खेलेगा?"

"रागिनी जी, गोवर्धन बाबू को जिसने पथभ्रष्ट किया, वो औरत इन्हीं दोनों की प्रेमिका थी, बुल्ला और ठुल्ला की। हाँ, बिलकुल सही बात बता रहा हूँ आपको। बहुत बड़ी वाली पतुरिया थी वो। दोनों उसको सती-सावित्री बताकर ले आए थे चैनल में। गोवर्धन बाबा को कन्विंस कर दिए कि आप बेफिक्र होकर पीजिए। जितना जी चाहे पीजिए, जितनी भी आप चाहे मदहोश हों, ये आपको सँभाल लेगी। आपको बताए थे न, गोवर्धन बाबा का बोतल वाला वो किस्सा—बीवी के मरने के बाद बोतल अपने पास रखे रहे, लेकिन पीते नहीं थे!"

पांडे जब चाय दुकान पर पहुँचा तो वहाँ गुप्ता जी का 'गोवर्धन पुराण' शुरू था। उस दिन उस औरत का किस्सा अधूरा रह गया था। पांडे पहुँचा नहीं था। आज रागिनी ने गुप्ता जी से पूछ लिया। मौका मिलते ही गुप्ता जी शुरू हो गए।

तभी पांडे भी पहुँच गया।

"आइए, पांडे बाबा। रागिनी जी पूछ रही थी कि बुल्ला और ठुल्ला ने गोवर्धन बाबा को कैसे निपटाया, वही किस्सा इनको सुना रहा था। लीजिए, चाय लीजिए।"

पांडे ने चाय ले ली। चाय और सिगरेट के कश के साथ वह भी गुप्ता जी का 'गोवर्धन पुराण' सुनने लगा।

"अब आपको तो पता ही है रागिनी जी, जब बड़े-बड़े सन्त-ऋषि-मुनि अपने ऊपर कंट्रोल नहीं रख पाए, फिर अपने गोवर्धन बाबा की क्या बिसात? आ गए उसके रूपजाल में। दारू न पीने की कसम तोड़ दी। गीत-गजल की जगह अब दूसरे टाइप की महफिल जमने लगी उनकी। शराब, शबाब, कबाब! नींबू चाय भी छोड़ दी। उसी में खेल कर दिया बुल्ला और ठुल्ला ने। ऐसा गेम खेला कि गोवर्धन बाबा को अपनी पूरी प्रॉपर्टी उस औरत के नाम करनी पड़ी। पत्नी का दर्जा देना पड़ा, सो अलग।"

"मतलब? पूरी बात बताइए, गुप्ता जी।" रागिनी बुरी तरह चौंकी।

"अब असल बात का तो पता नहीं, रागिनी जी। कोई बताता है कि पेट पर कपड़ा बाँधकर बैठ गई थी, कोई सीडी-वीडी की बात कहता है, रेप केस वगैरह की बात भी उठी थी, लेकिन असल बात अन्दर-ही-अन्दर दब गई। पूरी बात कभी सामने नहीं आई। बाबा ने भी कभी मुँह नहीं खोला। न्यूज चैनल उसके नाम करने के बाद खुद गाँव जाकर कंठी माला फेरने लगे। मन की बात मन में ही दबा गए और फिर उसी हूक में एक दिन स्वर्ग सिधार गए।"

"कोई बात नहीं, गुप्ता जी। बीवी के बाद भी मजा तो लिए। अब बुढ़ापे में फ्री का मजा थोड़े मिलेगा?"

पांडे काफी सकारात्मक सोच का शख्स था। बुरी-से-बुरी चीज में भी अच्छाई ढूँढ़ लेता था। कहीं से क्राइम की खबर आती तो सबसे पहले अपने क्राइम शो के प्रोड्यूसर को बधाई देता, "चल बेटा, तेरे दुकान की बोहनी तो हो गई। दुआ कर कि बिक्री भी अच्छी हो।"

"अरे नहीं, पांडे बाबा। इस बात की तो गारंटी मैं भी ले सकता हूँ कि बाबा कुछ कर नहीं पाते होंगे। उम्र 70 साल से ज्यादा हो चुकी थी। ऋषिकेश वाले बाबा की पुड़िया जरूर लेते थे वो हर रोज शाम में नींबू चाय के साथ, लेकिन वो पुड़िया तो तब से लेते थे जब से ये दोनों उनकी

लाइफ में आए भी नहीं थे। न ये दोनों, न इनकी आइटम।"

"एक दिन मुझसे बोले भी थे—"गुप्ता, ये पुड़िया इसलिए लेता हूँ ताकि धोती गीली न हो। अपने गोरखपुर में तो बैठकर सब हो जाता था, लेकिन यहाँ शहर में तो सब कुछ खड़े-खड़े निपटाना पड़ता है। खड़े-खड़े भोजन, खड़े-खड़े...!" भारतीय परम्परा के बड़े प्रशंसक थे गोवर्धन बाबा।"

"ऐसे सीधे-साधे बाबा को ठुल्ला और बुल्ला ने मिलकर निपटा दिया। आखिरी वक्त में बेचारे को गंगाजल और तुलसी भी नसीब नहीं हो सका। बुढ़ापे में बदनामी मिली अलग। गम में बेचारे इतने बावले हुए कि अपने बोतल से आखिरी पैग लगाते हुए स्वर्ग सिधार गए। इन्द्रदेव उन पर कृपा करें। उनके जैसे सात्विक इनसान को अपने दरबार में जगह दें।"

"जब वो जिन्दा थे, तब हम गए थे उनके गाँव। देखकर हमको रोने लगे, लेकिन बताए कुछ भी नहीं। हमने भी ज्यादा जोर नहीं दिया। अब इनसान के घाव को फिर से कुरेदने का क्या फायदा? उन्हें कन्धे से लगाकर चुप कराया और कहा कि बाबा, आप देख लेना। आपको बरबाद करनेवाले एक दिन खुद बरबाद हो जाएँगे। हमारी बात आधी तो उसी समय सच साबित हो गई थी रागिनी जी।"

"वो कैसे?" रागिनी की उत्सुकता फिर जगी।

"अरे रागिनी जी, गोवर्धन बाबा से माल समेटने के महीने भर के अन्दर ही उस औरत ने इन दोनों के पिछवाड़े पर लात मारकर चैनल से बाहर निकाल दिया। लेकिन ये दोनों तब तक इतना तो कमा ही चुके थे कि अपना चैनल खड़ा कर लें। अब चैनल तो खड़ा कर लिया है दोनों ने, लेकिन जिस तरह से दोनों एक-दूसरे के पीछे पड़े हुए हैं, देख लीजिएगा पांडे बाबा, हमारी भविष्यवाणी बहुत जल्दी ही पूरी सही साबित होगी। दोनों जल्दी ही भीतरामपुर पहुँच जाएँगे।"

"ये गोवर्धन बाबा के किस्से में बहुत इंटरेस्ट ले रही हो तुम।"

वापस लौटते समय पांडे के दिलो-दिमाग में कई तरह की बातें चल रही थीं। रागिनी का दिमाग उससे ज्यादा उलझा हुआ था।

"गोवर्धन बाबा में नहीं, पांडे। मैं उस औरत के बारे में सोच रही हूँ। कितनी टेलैंटेड होगी वो?"

"कौन?"

"वही, जिसने गोवर्धन जैसे को सेट कर दिया बुल्ला और ठुल्ला जैसों को उल्लू बना गई। जरा सोचो, कितना टैलेंटेड होगी वो?"

"साले, मुझे ज्ञान दे रहा है! त्यागी को? जितना कहता हूँ, उतना कर। नहीं तो यहीं पटककर...।"

त्यागी प्रोड्यूसर को धाराप्रवाह गाली दे रहा था। प्रोड्यूसर ने उसके सामने अपनी राय रखने की गलती कर दी थी।

विपक्षी दल के एक नेता ने सत्ता पक्ष के नेता को 'बेवकूफ' बोल दिया था। त्यागी उसी खबर के लिए एंकर लिंक लिखा रहा था।

"एंकर से बुलवा कि आज की राजनीति में भाषा की मर्यादा खत्म होती जा रही है। ये लोकतंत्र की सेहत के लिए खतरनाक है। एक नेता ने अपने साथी नेता के लिए जिस शब्द का इस्तेमाल किया है, उसे हम अपनी जुबाँ पर ला भी नहीं सकते।"

एंकर लिंक लिखते-लिखते प्रोड्यूसर की चमड़े की जुबाँ फिसल गई। भूल गया कि सामने कौन बैठा है?

"सर, ये इतनी बड़ी खबर है कि आधे घंटे तक दिखाया जाए? उस नेता ने सामनेवाले नेता को केवल यही तो कहा है कि वो बेवकूफी भरी बातें करते रहते हैं।"

"क्यों? तुझे ये छोटी खबर लग रही है? इतना बड़ा असंसदीय शब्द है। सभ्य समाज में शब्दों की मर्यादा तो सबसे जरूरी है।"

"नहीं सर, मेरे कहने का मतलब बस ये था कि इसको नीचे के बुलेटिन में रख सकते थे। पंजाब में दो किसानों ने आत्महत्या की है, सत्ता

पक्ष के एक नेता पर भ्रष्टाचार का आरोप लगा है। उसे ऊपर ले सकते थे।"

"*&^$# के, बॉस मैं हूँ या तू? ज्यादा ज्ञानी बन रहा है! सारा ज्ञान तेरे ^%$# में डाल दूँगा। आगे से मुझे ज्ञान देने की गलती भी मत करना। यहाँ तेरे जैसे कई तीसमारखां की $%^&** चुका हूँ मैं। चल, एंकर को बोल कि भाषा और समाज पर बढ़िया से ज्ञान पेले। बोल कि किसी देश, समाज, संस्थान की सबसे बड़ी पहचान वो भाषा होती है जो वहाँ बोली-सुनी जाती है।"

प्रोड्यूसर को शब्दों की मर्यादा का ज्ञान देने के बाद त्यागी अपना पूरा फोकस डिबेट शो पर लगाकर बैठ गया। कल पांडे ने लीड ले ली थी, आज उसे किसी सूरत में लीड नहीं लेने देनी थी, यही सब कुछ सोचते हुए वह 'भारत टीवी' देख रहा था। शो शुरू होने के कुछ ही देर बाद दोनों गेस्टों ने एंकर अमन को पीटना शुरू कर दिया।

"अबे, ये पांडे तो अपने एंकर अमन को पिटवा रहा है! वो देखो, कैसे पीट रहे हैं दोनों। दे दनादन, दे दनादन! अरे बाप रे, उस गेस्ट को देखो, वो तो कुर्सी उठा रहा है! कुर्सी चलाकर मारेगा क्या? करा क्या रहा है ये कमीना पांडे?"

"और सर, वो देखिए, कुर्सी उसी कम्पनी की है जिसका ऐड चल रहा है। व्हाट ए परफेक्ट टाइमिंग, सर!" मार्केटिंग टीम से आए बन्दे की नजर हर वक्त अपने काम की चीज पर होती थी।

"अबे चुप! हर वक्त ऐड! अड़ोसी-पड़ोसी से ऐड लेकर ही बाप ने पैदा किया है क्या तुझे? शो की सोचो। टीआरपी गिरी तो वो ऐड कम्पनी वाले कुर्सी भी उठा ले जाएँगे, चैनल भी बैठने के लिए कुर्सी नहीं देगा।"

'भारत टीवी' का शो देखकर 'हिन्दुस्तान न्यूज' में सबकी साँसें रुकी हुई थीं। सबसे पहले एक्शन में लौटा त्यागी।

"अब अपने यहाँ क्या होनेवाला है?"

"सर, यहाँ अब गेस्ट्स गले मिलनेवाले हैं। भरत मिलाप होनेवाला है।" शो प्रोड्यूसर रन डाउन देखते ही बोला।

"अबे नालायको, वहाँ पांडे अपने चैनल पर कुर्सी चलवा रहा है, अपने एंकर को पिटवा रहा है और तुम लोग भरत मिलाप करा रहे हो! कुछ नया सोचो, कुछ नया। नहीं तो आज भी टीआरपी की लंका लग जाएगी। टीवी इतिहास में पहली बार एंकर अपने गेस्ट से पिट रहा है! पता नहीं आगे और क्या-क्या दिखाएगा ये कमीना पांडे?"

"सर, आप कहें तो भरत मिलाप के बाद दोनों गेस्ट्स के फेरे लगवा दें।" शो प्रोड्यूसर तेजी-से अपना दिमाग लगा रहा था।

"फेरे, मतलब शादी?"

"हाँ सर, अब अपने इंडिया में ये लीगल हो चुका है। फेरे के साथ गाना भी बजा दिया जाएगा। *जब तक पूरे न हों फेरे सात...*।"

"अबे चुप। कन्यादान, अरे वही लौंडादान कौन करेगा? तू? तेरा बाप।"

लड़का खामोश रहा। उसे पता था कि उसके पिता जो न्यूज चैनल देखते ही नहीं थे, वे इस काम के लिए कतई तैयार नहीं होंगे। खामोशी से वह त्यागी को देखता रहा, जो बेचैन होकर टहल रहा था। अचानक एक आइडिया बिजली की तरह त्यागी के दिमाग में कौंधा और वह तुरन्त प्रोड्यूसर की तरफ मुड़ा।

"ब्रेक ले, ब्रेक ले। जल्दी।"

ब्रेक पर आते ही त्यागी दौड़कर स्टूडियो में पहुँचा। वहाँ भी सबकी नजर 'भारत टीवी' पर थी। सब मुँह फाड़े अमन की पिटाई देख रहे थे। त्यागी दोनों गेस्ट को लेकर एक कोने में चला गया। वहाँ वह उन दोनों को जल्दी-जल्दी कुछ समझाने लगा। बीच में एक गेस्ट ने सवाल किया तो त्यागी ने अपने अन्दाज में उसका जवाब दिया।

"जितना कहा जा रहा है, चुपचाप करो। और ठीक से करना। नहीं तो कल से तुम दोनों की छुट्टी।"

"सर...।" रागिनी कुछ पूछना चाह रही थी, लेकिन त्यागी ने उसे भी बोलने का मौका नहीं दिया।

"रिलैक्स रागिनी, तुम्हारी स्क्रिप्ट में कोई चेंज नहीं है। जो पहले तय हुआ है, तुम उसी लाइन पर रहो।"

गाने की धुन के बीच एंकर रागिनी ने दोनों मेहमानों का भरत मिलाप कराया, इस ऐलान के साथ कि दूसरे चैनलवाले मारपीट करके देश-समाज का माहौल खराब कर रहे हैं, लोगों को उन्मादी बना रहे हैं, नफरत के बीज बो रहे हैं, लेकिन हम मोहब्बत बाँटनेवाले लोग हैं। हम हरदम इसी प्यार-मोहब्बत से देश-समाज के गम्भीर मसलों की चर्चा करेंगे।

दोनों गेस्ट उसके इस ऐलान को अगली मंजिल तक ले गए। दोनों ने मिलकर रागिनी को गले लगा लिया। रागिनी गड़बड़ा गई। स्क्रिप्ट का यह पार्ट तो था नहीं। फिर? शुरू में उसे कुछ समझ में नही आया और जब तक समझ में आया, तब तक सब कुछ हो चुका था। दोनों गेस्ट दोनों तरफ से उसे चूम चुके थे, इस वादे के साथ कि आगे भी वे अपनी एंकर के साथ ऐसे ही प्यार-मोहब्बत से पेश आएँगे। ऊपर से पुष्पवर्षा हो रही थी। करतल ध्वनि के बीच।

"सर, सर, जोधपुर में एक नाबालिग से रेप हो गया है।"

असाइनमेंट से एक ट्रेनी दौड़ते हुए पहुँचा था पांडे के पास। खबर को तूफान की रफ्तार से बॉस तक पहुँचाने की मंशा थी उसकी, लेकिन पांडे ने उसकी रफ्तार पर ब्रेक लगा दिया।

"तूने किया है?"

"नहीं, सर!"

"तो फिर हाँफ क्यों रहा है? भाग क्यों रहा है?"

पांडे का मूड उखड़ा हुआ था। डिबेट शो में त्यागी से पिछड़ गया था वह। उसे लग रहा था कि अपने एंकर को गेस्ट से पिटवाकर वह कल की तरह बाजी मार ले जाएगा, लेकिन त्यागी ने आखिरी वक्त

में बाजी पलट दी। अपनी एंकर को किस कराकर पब्लिक को मोहब्बत का पैगाम दे दिया। अपने केबिन में बैठा पांडे, त्यागी की इस चाल पर उबल रहा था।

"ऐसा कर, जाकर चाय वाले को बोल कि चाय ले आए। फिर खबर बताना।"

असाइनमेंट वाला लड़का मुँह लटकाकर चाय वाले लड़के के पास पहुँचा।

"टेंशनवाली चाय या नॉर्मल चाय?" चायवाले लड़के के सवाल से वह और परेशान हो उठा।

"टेंशनवाली चाय! नॉर्मल चाय!" लड़का बुदबुदाया।

"अच्छा, अच्छा। तू अभी नहीं समझेगा। नया ज्वाइनिंग है तेरा। टेंशनवाली चाय ही लेंगे सर। हार्डलीकर। ढेर सारी कालीमिर्च। गर्लफ्रेंड के साथ खेल हुआ है तो टेंशन जेनुइन है।"

"गर्लफ्रेंड के साथ खेल?" असाइनमेंटवाला लड़का और बुरी तरह से चौंका, "अबे, बोल क्या रहा है तू?"

"ओए, 'अबे-तबे' नहीं बोलेगा मुझे। तू-तड़ाक बिलकुल नहीं। तमीज से बात कर। तेरी तरह पत्रकार नहीं हूँ मैं। चायवाला हूँ, चायवाला।"

चायवाले लड़के ने असाइनमेंटवाले लड़के को उसकी औकात बताई। असाइनमेंटवाले लड़के ने श्रद्धा भाव से शीश नवा दिया। दूसरा चारा था भी नहीं। अब चायवाले लड़के ने दरियादिली दिखाई। पहली गलती समझकर माफ कर दिया।

उसने चाय बनाते-बनाते पांडे और रागिनी के रिश्ते की जानकारी लड़के को दी। रागिनी के साथ शो में क्या कुछ हुआ, उसकी जानकारी लड़के को पहले से थी। पांडे के केबिन में दोबारा पहुँचने से पहले उसके दिमाग में पूरी तस्वीर साफ हो चुकी थी, लेकिन पांडे का सवाल सुनकर वह फिर उलझ गया।

"हाँ, अब बता। तेरे रेप का क्या किस्सा है?"

"मेरा रेप!"

चायवाले लड़के ने अपने नए दोस्त को फिर संकट से उबारा, "अरे, सर को रेप का डिटेल बताओ। पहले ये बताओ, रेप में कोई एंगिल है?"

"रेप में एंगिल?" लड़के को तेज झटका लगा।

"हाँ, हाँ। रेप में कोई बैकवर्ड-फॉरवर्ड, हिन्दू- मुस्लिम, अमीर-गरीब, जमींदार-मजदूर टाइप का एंगिल है?"

"नहीं सर, ये सब एंगिल नहीं है। एक गाँव का केस है। पीड़ित और आरोपी सेम कास्ट के हैं। दोनों के घरवाले खेत में काम करते हैं।"

"कोई पॉलिटिकल एंगिल? किसी नेता ने तो नहीं...?"

चायवाला लड़का दो साल से चैनल में था। खबर के हर पहलू पर उसकी नजर रहती थी। पांडे की तरफ से वह खबर की पूरी तहकीकात कर रहा था। पांडे टेंशनवाली चाय पीते हुए लैपटॉप देख रहा था। साइलेंट मोड में वही वीडियो, जिसमें रागिनी को दोनों गेस्ट किस कर रहे थे।

"नहीं।"

"कहीं कॉलेज की आइटम सब कैंडिल मार्च वगैरह तो नहीं कर रही हैं? किसी सेलिब्रेटी ने ट्वीट-व्हीट तो नहीं किया है? कोई खतरनाक टाइप का रेप तो नहीं हुआ है?"

"ऐसा कुछ भी नहीं है, सर।"

असाइनमेंटवाला लड़का सही से दोस्ती नहीं निभा रहा था। सवाल पूछ रहा था चायवाला, लेकिन वह जवाब दे रहा था अपने बॉस पांडे को। चायवाले लड़के को यह बात अखर गई।

"तो फिर छोड़ दे। ये नॉर्मल रेप केस है। आगे से रेप के किसी केस में कोई एंगिल हो तभी उसैन बोल्ट की रफ्तार से भागकर सर के पास आया कर। नॉर्मल रेप केस में ये सब चलता रहता है।"

चायवाले ने पांडे के हाथ से चाय का कप लेते हुए गुरुज्ञान दिया। लड़का थोड़ी देर तक केबिन में रुका रहा, लेकिन जब पांडे ने कुछ नहीं कहा तो वह खामोशी से बाहर निकल गया। टेंशनवाली चाय से भी पांडे का

टेंशन कम नहीं हुआ। वह पहले की तरह उबलता रहा। दूसरी तरफ टीम त्यागी सफल शो के समापन के बाद पिज्जा पार्टी कर रही थी।

"त्यागी सर, आज तो मजा आ गया। क्या मस्त आइडिया था आपका, सर!"

एक गेस्ट ने शो खत्म होने के बाद त्यागी की तारीफ की तो दूसरा दो कदम आगे बढ़ गया।

"सर, फिर कब करा रहे हैं ऐसा शो? माँ कसम, मजा आ गया। रागिनी को किस...।"

"साले, रागिनी को किस करके उछल रहा है?"

त्यागी अपने अन्दाज में मेहमान पर मेहरबान हुआ। पिज्जा का एक बड़ा टुकड़ा उठाते हुए वो गेस्ट कॉर्डिनेटर की तरफ मुड़ा।

"ए, इन दोनों को आज डिबेट के पैसे मत देना। दोनों ने बहुत मजा लूटा है।"

"एकदम सही कह रहे हैं, सर।" गेस्ट कॉर्डिनेटर को आज पहली बार डिबेट शो का गेस्ट नहीं होने का अफसोस हो रहा था।

"आप कहें तो इन दोनों पर 500-500 रुपये चार्ज कर देता हूँ।"

"इतनी सस्ती है तेरी एंकर? तो कल के लिए भी आज ही एडवांस ले ले।" एक गेस्ट ने अपना पर्स निकालते हुए गेस्ट कॉर्डिनेटर से चुहल की।

"अबे हरामियो, चुप! रागिनी सुन लेगी तो सबकी लंका लगा देगी। वैसे ही अभी भड़की हुई होगी।"

"हाँ सर, मैंने पिज्जा पार्टी में आने के लिए फोन किया था, लेकिन आई नहीं।" गेस्ट कॉर्डिनेटर ने त्यागी को नई जानकारी दी।

"रो रही होगी अपने यार के कन्धे लगकर। पांडे, त्यागी ने आज मेरी इज्जत लूट ली! मैं लुट गई पांडे! मैं नापाक हो गई!"

"वॉव पांडे! आज तो मजा आ गया। किस मेक्स माई डे! सच ए ग्रेट डे!"

शिफ्ट खत्म होने के बाद पांडे रागिनी के रूम पर पहुँचा था। रोज पहुँचता था। रागिनी के साथ चार पैग लगाने और डिनर के बाद ही वह अपने रूम पर जाता था। कई बार तो जाता भी नहीं था।

"ये देख पांडे, मेरा किस वाला वीडियो कैसे वायरल हो रहा है? सोशल मीडिया पर आग लगा दी है इस वीडियो ने तो। ये देख। तीस हजार लाइक, नौ हजार कमेंट, आठ सौ से ज्यादा शेयर!" रागिनी ने चहकते हुए मोबाइल पांडे के सामने कर दिया। वीडियो देखकर पांडे और सुलग उठा।

"सही कह रही है तू। एक ही वीडियो से स्टार एंकर बन गई। एक काम और कर देती तो फिर ये वीडियो डबल स्पीड से वायरल होता।"

"क्या?"

"तुझे भी इन दोनों को किस करना था। तब पब्लिक को ज्यादा मजा आता और वीडियो ज्यादा वायरल होता।" पांडे की तल्खी को रागिनी ने साफ महसूस किया, लेकिन अभी वह मजे लेने के मूड में थी।

"सही कह रहा है तू, पांडे। लेकिन ये त्यागी फिर चोट दे गया मुझे।"

"चोट दे गया? वो कैसे?"

"उसने किस वाले प्लान के बारे में बताया ही नहीं मुझे पहले। खाली दोनों गेस्टों को समझा दिया और चला गया। अगर मुझे भी बता दिया होता तो मैं भी दुनिया को अपने किस का पॉवर दिखा देती।" रागिनी ने लपककर पांडे को भी अपनी किस का पॉवर दिखाया, लेकिन पांडे ने कोई इंटरेस्ट नहीं दिखाया किया। पहले की तरह अपना पैग बनाने में बिजी रहा।

"कोई नहीं। कल गलती सुधार ले। कल शो शुरू होते ही दोनों से चिपक जाना और शुरू हो जाना। जितना ज्यादा किस, उतना ज्यादा वीडियो वायरल।"

"नहीं कर सकती पांडे, कल नहीं कर सकती।"

"क्यों? कल तेरा करवाचौथ है क्या?" पांडे को अपना घूँट रोज से ज्यादा कड़वा लग रहा था।

"नहीं रे, पांडे। करवाचौथ का किस से क्या रिश्ता? ये कमीना त्यागी, यहाँ भी चोट दे गया।"

"मतलब? यहाँ कैसे चोट दे गया?"

"मेरे दोनों सैंया को अन्दर करा दिया! वो देख, खबर चल रही है।"

पांडे की नजर टीवी पर गई थी तो वहाँ पुलिस उन दोनों गेस्टों को ले जा रही थी, जिन्होंने शो में रागिनी को किस किया था। एंकर चीख-चिल्ला रहा था—

"यही हैं वो दोनों शख्स जिन्होंने एक महिला की अस्मत पर हमला किया है। इन दोनों ने एक महिला की सहमति के बिना उससे सम्बन्ध बनाने की कोशिश की है। देखिए, कैसे इन दोनों ने हमारे चैनल की सम्मानित एंकर रागिनी पर उस वक्त यौन हमला किया जब वो इन दोनों के बीच दोस्ती कराने की कोशिश कर रही थी।"

इसके बाद फिर से वही वीडियो दिखने लगा, जिसमें दोनों मेहमानों ने रागिनी को किस किया था। नए सिरे से एक घंटे का शो बनाया था त्यागी ने उस प्रकरण पर। पांडे दंग रह गया, "मेहमानों को गुड़ के बाद डंडा! कल बताता हूँ इसे।" पांडे ने नए संकल्प के साथ अपना पटियाला पैग एक झटके में खत्म किया।

"'लक्ष्मण बूटी से मर जाता है कोरोना का कीड़ा' इस खबर की सच्चाई दिखाएँ, सर?"

"बिकनेवाला माल नहीं है। पहले तो लक्ष्मण बूटी पर ही सौ बवाल है, उस पर से कोरोना के कीड़े में पहले वाला पॉवर नहीं रहा। कुछ और बता।"

त्यागी और उसका प्रोड्यूसर 'सच वही जो हम दिखाएँ' शो के लिए खबर तलाश रहे थे। 'हिन्दुस्तान न्यूज' के इस शो में चैनल सोशल मीडिया पर वायरल हो रही खबर की सच्चाई अपने दर्शकों को बताता था।

"नेताजी सुभाष चन्द्र बोस और जवाहर लाल नेहरू में हुई थी मारपीट।"

"खबर तो अच्छी है, लेकिन टाइमिंग गलत है। अभी कहीं चुनाव नहीं हो रहा है। स्टॉक में रखो, चुनाव के समय चलाया जाएगा।"

"महाराणा प्रताप के प्यार में पागल थी नूरजहाँ।"

"हाँ, ये खबर है। दोनों साइड की पब्लिक की भावनाएँ उबाल मारेंगी। खबर दबाकर बिकेगी, लेकिन बेचेगा कैसे?"

"खून में सना लव लैटर दिखाकर! नूरजहाँ ने महाराणा प्रताप को अपने खून से लव लैटर लिखा था जो अंग्रेज इतिहासकार कर्नल टॉड को हल्दीघाटी में मिला था। अब टॉड के घरवाले उस लेटर को बेचने के लिए बोली लगा रहे हैं।"

"कर्नल टॉड! इतनी लम्बी फेंकेगा?"

"हाँ सर, कर्नल टॉड का नाम डालने से झूठ में वजन आ जाएगा।"

"लेकिन पब्लिक तो एक सेकेंड में झूठ पकड़ लेगी। महाराणा प्रताप अकबर के समय में थे, नूरजहाँ जहाँगीर की बीवी थी। लॉजिकल नहीं लग रहा है तेरा झूठ।"

"अब सर, लॉजिकल लोग न्यूज चैनल देखते कहाँ हैं?"

त्यागी को थोड़ा झटका लगा, लेकिन सो कॉल्ड बुद्धिजीवी वर्ग से बिलांग नहीं करता था वह। कड़वी सच्चाई को स्वीकारने से कोई गुरेज नहीं था उसे।

"सही कह रहा है। टीआरपी वाले बन्दे भी यही कह रहे थे। इसीलिए तो टीआरपी मीटर कुछ खास इलाकों में ही सबसे ज्यादा लगाया जाता है। वैसे और कुछ लिखा है इस फेक न्यूज में?"

"कहाँ कुछ लिखा है, सर? न्यूज तो मैं ही लिखूँगा।"

"क्या? खुद से फेक न्यूज क्रिएट करेगा?"

"उसका सच भी दिखाऊँगा, सर। पब्लिक को बताऊँगा कि अभी आप जो देख रहे थे, वो झूठ है।"

"अरे हाँ, मैं तो भूल ही गया था कि ये तेरा साइड बिजनेस है।"

प्रोड्यूसर के इस साइड बिजनेस की जानकारी संयोग से त्यागी को लगी थी। उस रोज प्रोड्यूसर अपने फर्जी माल को व्हाट्सअप यूनिवर्सिटी के कर्ता-धर्ताओं को भेजने की जगह गलती से त्यागी को ही व्हाट्सअप कर बैठा था। उसी दिन से त्यागी की नजर में उसकी वैल्यू बढ़ गई थी। उसी रोज से त्यागी बड़े शो की जिम्मेदारी भी प्रोड्यूसर को देने लगा था।

"लेकिन फेक न्यूज क्रिएट कैसे करेगा?"

"वैरी सिंपल, सर। ग्रॉफिक्स से तस्वीर बना लूँगा, खबर मैं खुद लिख दूँगा, एक फेक एकाउंट से शेयर कर दूँगा। फिर उसे वायरल खबर बताकर अपने शो में चला दूँगा।"

"गुड। लेकिन कंटेट पर जोर देना। कंटेंट इज द किंग। बढ़िया से सस्पेंस बनाना।"

"हाँ सर, कहीं नहीं कहूँगा कि जहाँगीर की बीवी नूरजहाँ ने महाराणा को लव लैटर लिखा था। कोई दूसरी नूरजहाँ भी तो हो सकती है।"

"इस बात को सबसे आखिर में बताना।"

"बिलकुल, सर। शुरू में पूरा माहौल बनाऊँगा, दो-चार सवाल उठाऊँगा, बीच में दो-चार मुजरे और कव्वाली लगा दूँगा। पब्लिक को महाराणा प्रताप के तलवार और चेतक की कहानी सुनाऊँगा, फिर नूरजहाँ का खून से सना लैटर दोबारा दिखाऊँगा और आखिर में कह दूँगा कि अभी आप जो कुछ देख रहे थे, वो झूठ था।"

"बहुत बढ़िया। एंकर से ये भी कहला देना कि इस तरह के फेक न्यूज से समाज का माहौल खराब होता है। लिहाजा, शासन-प्रशासन को ऐसे लोगों पर कड़ी कार्रवाई करनी चाहिए।"

"बिलकुल, सर। ये बात तो मैं अपने हर शो के आखिर में एंकर से बुलवाता हूँ।"

"जर, जोरू, जमीन! पहले सारी लड़ाई इन्हीं तीन चीजों के लिए होती थी पांडे बाबा। यही तीनों चीज़ें इनसान की जिन्दगी में सबसे ज्यादा अहमियत रखती थी, लेकिन अब 'ट्रिपल पी' का जमाना है बाबा। प्रेस्टीज, पॉवर, पैसा! सब इसी के पीछे कुत्ते की तरह भागते हैं, लेकिन इन तीनों में खुद मार-काट मचा रहता है। जिसके पास प्रेस्टीज है, उसके पास पॉवर, पैसा नहीं। जिसके पास पॉवर, पैसा है, उसके पास प्रेस्टीज नहीं। लेकिन एक चीज है, पांडे बाबा जिसकी छतरी के नीचे ये तीनों 'पी' एक साथ बड़े सुकून से रहते हैं। पूरी दुनिया में वो एक सिंगल पीस है और वो है टीवी मीडिया।"

गुप्ता जी का प्रवचन शुरू हो चुका था। शुरुआत 'गोवर्धन पुराण' से हुई। पांडे चाय पीने पहुँचा तो सवाल उठ गया कि गोवर्धन बाबा अपना म्यूजिक चैनल बन्द करके न्यूज चैनल की दुनिया में कैसे आ गए? गुप्ता जी उसी सवाल की व्यावहारिक व्याख्या कर रहे थे।

"तो पांडे बाबा, हमारे गोवर्धन बाबा के पास पैसे और पॉवर की तो कोई कमी थी नहीं। गोरखपुर में जमींदारी, नोएडा में म्यूजिक कम्पनी, ठेकेदारी और तस्करी से भरपूर कमाई! पॉवर ऐसी कि यहाँ सिक्सर पर हाथ फेरते थे, वहाँ काठमांडू में गोली चल जाती थी। यहाँ तबले पर थाप लगाते थे, वहाँ दुबई में महफिल सज जाती थी। लेकिन प्रेस्टीज पैसे भर का नहीं। पीठ पीछे सब उन्हें 'गुंडा', 'मवालियों का सरदार' वगैरह बोलते थे। ये बात गोवर्धन बाबा को भी पता थी, लेकिन बेचारे क्या करते? कोई उन्हें सामने से तो कुछ कहता नहीं था। कोई सामने से कहता तो बाबा उसे ठोक देते, लेकिन पीठ पीछे बोलनेवालों का बाबा क्या करते? तो पांडे बाबा, इसी प्वाइंट पर बुल्ला और ठुल्ला ने गोवर्धन बाबा के साथ गेम खेला।

"ये जो बुल्ला और ठुल्ला हैं न, दोनों पहले केबल चैनल चलाते थे। लोकल लेवल पर खबर चलाते थे, लोकल लेवल पर उगाही करते थे। अच्छा-खासा कमाते थे, लेकिन वो क्या है कि बड़ा तो हर कोई बनना चाहता है। दोनों जोड़ने लगे कि जब लोकल लेवल पर इस धन्धे में इतनी कमाई है तो फिर नेशनल लेवल पर कितनी कमाई होगी? अपना जोड़-घटाव

करके दोनों पहुँच गए राजधानी और यहाँ उन्होंने खोज निकाला गोवर्धन बाबा को। उनको समझाया कि बाबा, इस धन्धे में उतर जाइए। ठेकेदारी, तस्करी, जमींदारी से ज्यादा कमाइएगा, दुबई वाले भाई लोगों से ज्यादा खौफ होगा और सम्मान इतना ज्यादा कि आशीर्वाद देते-देते आपके हाथ थक जाएँगे, पैर छूनेवाले कम नहीं होंगे।

"गोवर्धन बाबा दोनों की बात में उलझ गए। बताया था न कि वो सीधे-सादे आदमी थे। साफ-सुथरा धन्धा करनेवाले। ठेका लेना है, तमंचे के जोर से ले लिया। तस्करी का माल टपाना है, थाना-पुलिस को माल खिलाया, टपा दिया। लेकिन इस मीडिया में एक साथ 'ट्रिपल पी!' प्रेस्टीज वाला एंगिल तो बाबा को थोड़ा-बहुत समझ में आया, लेकिन पॉवर और पैसा?

"तब दोनों ने बाबा को मीडिया के धन्धे में पॉवर और पैसे का खेल समझाया। बताया कि पैसे के खेल में विज्ञापन को तो आप बस हाथी के दिखानेवाले दाँत समझ लीजिए और मीडिया का पॉवर ऐसा है कि आप बस अपनी अदालत सजाइए, पीएम-सीएम तक खुद अपना जुर्म कबूलने पहुँच जाएँगे। जिन हीरोइनों की तस्वीरें देखकर अभी आप आहें भरते हैं, वो खुद फोन करके आपसे मिलने के लिए समय माँगेंगी।

"बाबा आ गए इनके चरके में। और गोवर्धन बाबा ही क्यों? तमाम धन्धेबाज 'ट्रिपल पी' की तलाश में इस धन्धे में कूद पड़े। किसी भी चैनल की कुंडली खंगालेंगे, उसमें एक-न-एक गोवर्धन बाबा मिलेगा ही। सब पॉवर, पैसे और प्रेस्टीज की उगाही के साथ-साथ अपने मेन धन्धे को मैनेज करते मिलेंगे, लेकिन बाद में सब गड़बड़ हो गया। ये सारे धन्धेबाज आपस में ही लड़ने-भिड़ने लगे। ठीक वैसे ही जैसे आजकल बुल्ला और टुल्ला भिड़े हुए हैं।

"उनकी इसी आपसी भिड़ंत में चौथे 'पी' मतलब 'पॉलिटिक्स' ने अपना गेम खेल दिया। उसने 'ट्रिपल पी' का सुख भोग रहे सम्पादक, कम मालिक ज्यादा टाइप के पत्रकारों को अपने चंगुल में ले लिया। वैसे खाली

पॉलटीसिशयंस को क्या दोष दें पांडे बाबा? इन्हीं सालों की आदत खराब है। सत्ता ने बस इन्हें थोड़ा झुकने के लिए कहा। ये ससुरे पूरा लेट गए! लानत है इन कमीनों पर!

"पता है, मेरी दादी खाने को लेकर क्या कहती थी? पकाइए पकवान, परोसिए प्यार। पकवान मत परोसिए, क्या परोसिए? प्यार, प्यार। मतलब समझ रहा है इसका? नहीं? तू कहाँ से समझेगा? तू तो फास्ट फूड जमाने का है, दो मिनट वाला। पकवान भी दो मिनट, प्यार भी दो मिनट! जरा भी धैर्य नहीं?"

पांडे का प्रवचन जारी था। गुप्ता जी की संगत का असर था। आजकल गुप्ता जी के संगत में ज्यादा रहने लगा था रागिनी के साथ चाय पीने के चक्कर में। तो अब सीधी-साधी बात को भी किस्सागोई के स्टाइल में पेश करने लगा था।

सामने बैठा प्रोड्यूसर बेमन से उसकी किस्सागोई सुन रहा था। बीच-बीच में नजर टीआरपी चार्ट पर जा रही थी। वो बहुत टेंशन में था। वो जिस भाग्यफल शो का प्रोड्यूसर था, उसकी टीआरपी 'हिन्दुस्तान न्यूज' वालों के मुकाबले लगातार गिर रही थी। 'भारत टीवी' वालों ने एक सर्वे एजेंसी के जरिए लोगों की राय जानी तो पता चला कि 'हिंदुस्तान न्यूज' का शो भाग्यफल की गणना से कम, गणना बतानेवाली एंकर की वजह से ज्यादा हिट हो रहा है। सर्वे एजेंसी के मुताबिक, लोग अपना राशिफल कम, राशिफल बतानेवाली एंकर को ज्यादा देखते हैं। प्रोड्यूसर इसी मसले पर पांडे के पास चर्चा के लिए पहुँचा था।

"बेटे, ये सर्वे रिपोर्ट यही बता रहा है। जो राशिफल और भाग्यफल तेरा, वही 'हिंदुस्तान न्यूज' वालों का। वही बाकी चैनलवालों का भी। यानी व्यंजन तो तू भी वही परोसता है जो हिंदुस्तान न्यूजवाले परोसते हैं, लेकिन

व्यंजन परोसने वाली में फर्क है। 'हिंदुस्तान न्यूज' की एंकर पकवान को बड़े प्यार से परोस रही है।"

"देख, लगा हूँ। तेरे आने से पहले उसी से बात कर रहा था। उसको अपने चैनल में लाने की कोशिश कर रहा हूँ, लेकिन काफी ऊँची कीमत माँग रही है। देख क्या होता है? वाकई बड़े प्यार से शो परोसती है वो। आवाज़ भी कितनी मीठी है उसकी? अभी तक कानों में मिश्री घुल रही है।"

"हाँ, अब बारी बुलन्दशहर की है। चलो, बोली लगाओ। एक लाख बेस प्राइस है।"

"एक लाख।"

"एक दस।"

"एक चालीस।"

"डेढ़ लाख।"

"डेढ़ लाख! डेढ़ लाख एक, डेढ़ लाख दो । अरे, डेढ़ लाख से कुछ तो बढ़ो। डेढ़ लाख में पूरा बुलन्दशहर! कुछ तो शर्म करो !"

"सर, एक साठ।"

"है कोई और बढ़नेवाला? कोई नहीं। चलो, बुलन्दशहर तेरे नाम हुआ। जाओ जाकर बाहर बैठो और तुम लोग फूट लो यहाँ से। एक साठ से ज्यादा बढ़ने की कूव्वत नहीं और चले हैं स्ट्रिंगर बनने! नेक्स्ट।"

त्यागी चीखा। इस वक्त वह चैनल के गेस्ट हाउस में बैठा हुआ था। उसके सामने थे छोटे शहरों के सो कॉल्ड पत्रकार, जिनका पत्रकारिता से दूर-दूर तक कोई रिश्ता नहीं था। सबके अपने धन्धे थे, लेकिन पत्रकारिता के धन्धे की बात ही कुछ और है। साल में बस वन टाइम इन्वेस्टमेंट, बदले में पूरे साल 'ट्रिपल पी' की उगाही।

"तुम लोग कहाँ से हो? अच्छा, गोरखपुर से! और बताओ, धन्धा

कैसा चल रहा है तुम लोगों का?"

"बढ़िया सर, सब आपकी कृपा है।"

"अरे, कृपा तो कलम रानी की है। कलम रानी की कृपा ऐसी ही बनी रहे और हम लोगों का धन्धा चलता रहे। चलो, बोली शुरू करो। टाइम बहुत कम है। भ्रष्टाचार की एक बड़ी खबर आई है, उस पर स्पेशल शो बनाना है। गोरखपुर—डेढ़ लाख से शुरू करो।"

"सर, बुलन्दशहर तो एक लाख से शुरू किए थे।"

"अबे, बुलन्दशहर से गोरखपुर की तुलना क्यों कर रहे हो? बुलन्दशहर बस नाम का बुलन्द है। कमाई के मामले में ठन-ठन गोपाल। खेत-खलिहान, गाय-भैंस से पत्रकार क्या कमाएगा, क्या खाएगा, क्या खिलाएगा? कमाई तो गोरखपुर में बम्पर होगी। रेल का ठेका, सड़क का ठेका। करना कमाई। चलो, शुरू करो।"

गोरखपुर की डील दो लाख दस हजार में फाइनल हुई। छपरा एक लाख पच्चीस हजार में बिका। बोकारो एक लाख पचहत्तर हजार में। इसी तरह आधे घंटे में सारे छोटे शहरों को त्यागी ने बेच डाला जहाँ स्ट्रिंगर के पोस्ट खाली हुए थे।

"तुम सब परसों आकर एचआर से अपना कार्ड और माइक कलेक्ट कर लेना। अब तुम लोगों पर 'हिन्दुस्तान न्यूज' का ठप्पा लग गया है। डटकर अपना धन्धा करो लेकिन थोड़ी सावधानी से। देश बदल रहा है। दुनिया बदल रही है। आजकल हर लौंडे-लौंडी के पास स्मार्टफोन है। तुम्हारा ही स्टिंग हो जाएगा। धन्धा करते समय एलर्ट रहना चाहिए। पकड़े गए तो जिम्मेदारी तुम्हारी। चैनल आराम से कट लेगा। समझ रहे हो न?"

"हाँ, सर।" सब एक सुर में बोले।

"गुड। एक लाख तक की डील में हम हिस्सा नहीं लेंगे, लेकिन एक लाख से ज्यादा बड़ी डील होगी तो दस परसेंट मेरे अलग से। अरे, हम तुमको हर तरह से प्रोटेक्ट भी तो करेंगे।"

"वो तो ठीक है सर, लेकिन आप हमारे इलाके के फ्रीलांसर्स से खबर लेकर तो मत चलाया कीजिए। उससे हमारा भौकाल कम हो जाता है।"

"अब तुम्हारा भौकाल देखें या फिर चैनल चलाएँ? चैनल चलाने के लिए तो खबर चाहिए। और वो देने की तुम लोगों के पास फुर्सत कहाँ? थोड़ा जीने-खाने दो उन्हें भी। मामूली पैसे तो देते हैं हम उन्हें। उन्हीं के दम पर तो चैनल के लोकल न्यूज का बुलेटिन चल रहा है।"

"लेकिन सर, उनकी वजह से इलाके में हमारा सम्मान कम हो रहा है।"

"सम्मान! यार, शो के लिए अवार्ड खरीदने का धन्धा तो चल रहा है, लेकिन सम्मान खरीदने का धन्धा? अच्छा रुको, कम्पनियों से इस बारे में भी बात करते हैं। अभी तुम लोग जाओ और ठीक से कमाओ। सम्मान खरीदने का खर्चा तुम्हीं लोगों को देना होगा।"

"सुन, पहले स्केच में कोहली के सामने रहाणे को दिखा। कोहली के मुँह के सामने बबल बना। लिख—'आउट होते तुमको शर्म नहीं आई!' रहाणे जवाब देगा—'भाई, वो गेंद बहुत तेजी-से अन्दर...।' कोहली और भड़ककर कहेगा—'और उसी अन्दर आती गेंद पर मैं छक्के मारता हूँ!'"

स्पोर्ट्स बुलेटिन का प्रोड्यूसर स्केच आर्टिस्ट के साथ मिलकर बुलेटिन की तैयारी कर रहा था। सूत्रों के हवाले से आज वह टीम इंडिया में बवाल करानेवाला था। खबर का यह एंगल उसने उस वक्त तय किया जब रहाणे दूसरी पारी में भी शून्य पर आउट हो गया। रहाणे के आउट होने के साथ उसके दिल ने कहा कि आज कोहली पक्का इसकी बेइज्जती करेगा। दिल की बात को दिमाग अब स्केच पर उतरवा रहा था।

"कोहली के बाद अगले स्केच में रोहित शर्मा को दिखा। वो अपनी

कुर्सी पर बैठा-बैठा बोलेगा—'ये 1857 की बात है!' अगले स्केच में कोहली को पलटवार करते हुए दिखाओ। कोहली कहेगा—'रोहित, मैं तुमसे बात नहीं कर रहा हूँ।' रोहित इसका जवाब देगा—'मैं भी 1857 के क्रान्तिकारियों की बात कर रहा हूँ!'"

"बहुत बढ़िया, सर। ये आजकल कोहली और रोहित में बीजेपी-जेडीयू वाला लफड़ा चल भी रहा है। डायलॉग एकदम रियल लगेंगे।"

जूनियर की इस तारीफ पर प्रोड्यूसर ने कुछ नहीं कहा। उसका पूरा ध्यान इस वक्त स्केच बुलेटिन पर था।

"और सुनो, उनकी इस बातचीत के समय दोनों को गुस्से में दिखाना। हँसते हुए मत दिखा देना, जैसा पॉलिटिकल बुलेटिन में दिखाए थे। खबर थी कि सिद्धू ने कैप्टन से लिया पंगा और तुमने सिद्धू को हँसते हुए दिखा दिया था! कोई हँसकर किसी से पंगा थोड़ी लेता है?"

"कोहली और रोहित के बीच हाथापाई दिखा दूँ? दोनों एक-दूसरे का कॉलर पकड़े हुए या फिर थप्पड़ लगाते हुए?" स्केच आर्टिस्ट उखड़ा हुआ था।

सिद्धू वाले मामले में पूरी गलती प्रोड्यूसर की थी, लेकिन उसने पर्चा स्केच आर्टिस्ट के नाम का फाड़ दिया था। शुरू में उसने सिद्धू को गुस्से में ही दिखाया था, लेकिन वही प्रोड्यूसर बोलने लगा कि यार, इसमें मजा नहीं आ रहा है। कुछ नया करो, कुछ अलग करो। कुछ ऐसा करो कि फलाँ टीवी के एडिटर की खबर पर नजर पड़ जाए। परसों उस चैनल में मेरा इंटरव्यू है। उसी प्रोड्यूसर ने जिद करके सिद्धू की हँसती हुई तस्वीर के साथ गुस्से वाली खबर को पेश किया, लेकिन जब न्यूज रूम में गाली पड़ने लगी तो उसने स्केच आर्टिस्ट का नाम आगे बढ़ा दिया।

"अरे नहीं, कोहली और रोहित के बीच मारपीट कुछ ज्यादा हो जाएगा। उतना ही फेंकना चाहिए, जितना लपेट सको। वैसे भी एक ही दिन में सब दिखा दोगे तो आगे क्या दिखाओगे?"

"सही कह रहे हैं, सर।"

मौसमे-इंक्रीमेंट में जूनियर को सीनियर की तारीफ करने का फिर मौका लग गया।

"अब इसके बाद सीन में शास्त्री को लाओ। वो बीच-बचाव करेगा और कहेगा—'तुम लोग खुद लड़ते हो और पॉलिटिक्स का इल्जाम मेरे सिर जाता है।'"

"बहुत बढ़िया, सर। इन सारे स्केच को दिखाने के बाद अपने रिपोर्टर को लाइव के लिए खड़ा कर देंगे। वो सूत्रों का हवाला देकर खबर में थोड़ा और मिर्च-मसाला लगा देगा।"

"हाँ, लेकिन बुलेटिन के आखिर में सेफ साइड के लिए एंकर से बुलवा देना—'चैनल इस खबर की सत्यता की पुष्टि नहीं करता है। हम बस वही दिखा रहे हैं जो सूत्रों ने हमें बताया है।'"

"और वो तुम्हारा आउटपुट हेड पांडे! एक नम्बर का फ्रॉडिया, धूर्त, जालसाज...।"

"देखिए, आपको कोई हक नहीं बनता है हमारे पांडे सर पर इस तरह का घटिया इल्जाम लगाने का। हमारा चैनल आप पर मानहानि का दावा ठोंक सकता है।"

"मानहानि! अरे, हानि तो उसकी होती है जिसका कोई मान होता है। मुझे अच्छी तरह पता है कि तुम्हारा पांडे कैसे दलाली करता है?"

पांडे का एंकर अमन विपक्षी दल के अध्यक्ष के घर उनका इंटरव्यू ले रहा था। इंटरव्यू लाइव चल रहा था। नेता जी बहुत दिनों से पांडे से खार खाए हुए थे। जब वे सत्ता में थे, तब पांडे उनका खास हुआ करता था, लेकिन सत्ता बदलते ही पांडे के सुर बदल गए थे। इंटरव्यू शुरू होने के थोड़ी देर बाद ही उन्होंने पांडे पर हमला बोल दिया। अमन पूरी मुस्तैदी से अपने पांडे सर के बचाव में लगा हुआ था।

"आपके पास पांडे सर की दलाली का एक भी सबूत है? अगर है तो बताइए। मैं आपको चैलेंज करता हूँ।"

नेता जी ने चैलेंज एक्सेप्ट कर लिया। दन-दनादन दो-चार मामले बता दिए। अमन उनको दूसरी तरफ से घेरने लगा।

"देखिए, ये सारे आरोप सतही हैं। एक भी आरोप जनता की अदालत में टिकनेवाला नहीं है। अगर कोई सबूत है तो पेश कीजिए।"

"अब मैं सबूत लेकर थोड़े यहाँ बैठा हूँ?"

"तो सबूत मँगाइए। आकाश से मँगाइए, पाताल से मँगाइए, अपने घर से मँगाइए, जहाँ रखे हैं, वहाँ से मँगाइए, लेकिन आप मँगाइए। हम सबूत का सामना करने से डरनेवालों में नहीं हैं। आप अगर सच्चे हैं तो सबूत दिखाइए, नहीं तो माफी माँगिए।"

अमन पूरी तरह तमतमाया हुआ था। सबूत या फिर माफी, यही रट लगाए हुए था। लाइव टेलीकास्ट देख रहे लोग रोमांचित हो उठे। सबके मन में यही सवाल चल रहा था कि नेता जी क्या करेंगे? पांडे के खिलाफ कोई पुख्ता सबूत पेश करेंगे या फिर माफी माँगेंगे? नेता जी दोनों ऑप्शन के लिए तैयार नहीं हो रहे थे, दूसरी तरफ अमन हमलावर अन्दाज अपना चुका था।

"मैं अभी ब्रेक ले रहा हूँ। मैं आपको समय देता हूँ। आप या तो सबूत दीजिए या फिर देश से अपनी गलतबयानी के लिए माफी माँगिए।"

ब्रेक पर आते ही अमन भागकर नेता जी के पास पहुँचा। नेता जी गड़बड़ा गए, उनके बॉडीगॉड्र्स भी एलर्ट मुद्रा में आ गए। इरादा क्या है अमन का?

"सर, इधर आइए। इस रूम में। आपसे कुछ जरूरी बात करनी है। जल्दी आइए, सर। ब्रेक बस तीन मिनट का है।"

नेता जी अमन का व्यवहार देखकर हैरान-परेशान थे। अमन उन्हें लगभग जबरदस्ती खींचकर एक खाली कमरे में ले आया।

"सर, मैं आपको देता हूँ पांडे की काली करतूतों का सबूत। ये लीजिए उसकी प्रॉपर्टी का डिटेल। मैंने आपको व्हाट्सअप कर दिया है। सवाल

उठाइए कि इतनी कम सैलरी में उसने इतनी प्रॉपर्टी कैसे बना ली? गाँव में खेती करनेवाले उसके भाई को रेलवे का इतना बड़ा ठेका कैसे मिल गया? और ये व्हाट्सअप देखिए, सर। ये पांडे के पहले चैनल का लैटर है। पैसा लेकर फर्जी खबर चलाने के मामले में वहाँ से उसकी छुट्टी हुई थी। शुरू से पापी रहा है ये पांडे। और ये देखिए...!"

"लेकिन अमन, तुम मुझे ये सब सबूत क्यों दे रहे हो?"

"सर, इस कमीने पांडे ने लाइव शो में मुझे पिटवाया है। एक साल से साइड लाइन कर रखा है मुझे। मेरे प्रोफेशनल लाइफ में चरस बो रखी है इसने। सर, प्लीज। मैं आपके आगे हाथ जोड़ता हूँ। आज इस कमीने का बैंड बजा दीजिए। मैं आपको पहले की तरह उकसाता रहूँगा। आप इन सबूतों को दिखा-दिखाकर उसको धोते रहिएगा। बहुत संयोग से मौका हाथ आया है आज। छोड़ना नहीं सर आज इस *&^%$#@ को।"

"आइए पांडे बाबा, ये आज त्यागी के स्पोर्ट्स प्रोड्यूसर ने तो सूत्रों के हवाले से बढ़िया बवाल करा दिया।"

अमन और नेता जी के लाइव इंटरव्यू के बाद पांडे बुरी तरह उखड़ा हुआ था। नेता जी ने उसको पूरी तरह एक्सपोज कर दिया। शुरू में पांडे को लगा कि अमन सही में उसका बचाव कर रहा है, लेकिन इंटरव्यू के आखिर में जिस तरह से अमन के चेहरे पर खुशी छलक उठी थी, उसको देखकर पांडे समझ गया कि अमन ने उसके साथ खेल किया है। कन्फर्म करने के लिए उसने प्रोड्यूसर को फोन किया था और जब प्रोड्यूसर ने बताया कि ब्रेक के दौरान अमन नेता को लेकर एक रूम में गया था तो वह अमन का खेल समझ गया। शो लाइव होने की वजह से वह कुछ कर भी नहीं सका था। शो खत्म होने के बाद भन्नाए मूड में गुप्ता जी के पास पहुँचा तो वहाँ उनका 'सूत्र पुराण' शुरू हो गया।

“छोड़िए उसकी बात गुप्ता जी, चाय पिलाइए। सूत्र के नाम पर खाली-पीली गन्ध फैलाता रहता है ये त्यागी।”

“कोई नहीं बाबा, अगली बार आप कर लीजिएगा। इस बार उसका दाँव लग गया। काहे मूड खराब कर रहे हैं? लीजिए, रागिनी जी भी सूत्रों के हवाले से टीम इंडिया में बवाल कराकर आ गईं!”

“और गुप्ता जी, कैसा लगा आज का हमारा शो?” सफल शो की एंकरिंग करके रागिनी गद्‌गद थी।

“रागिनी जी, शो तो लाजवाब था, लेकिन एक बात बता दूँ तो ये पांडे बाबा चाय पीना छोड़कर आपके शो की बैंड बजा देंगे।”

“ऐसा क्या, गुप्ता जी?” दोनों एक साथ बोले।

“चाय पी लीजिए, फिर बताता हूँ। लीजिए, चाय लीजिए। वैसे पांडे बाबा, ये सूत्र पत्रकारिता है बड़ी मजेदार चीज। ऑल इन वन टाइप की पत्रकारिता। जहाँ मन चाहो, वहाँ फिट कर दो। जो मन करे, वो खबर चला दो! कोहली-रोहित को भिड़ा दो, इमरान खान को जूते खिला दो, उत्तर कोरिया के उस नमूने की सातवीं गर्लफ्रेंड के बारे में बता दो, तीसरे विश्व युद्ध का पहला बम कहाँ और कितने बजे गिरेगा, ये बता दो! सब सूत्रों के हवाले से बता दो। वैसे बाबा, आपको पता है सूत्र पत्रकारिता की शुरुआत कब हुई थी?”

पांडे खामोश रहा। उसने कभी इसके बारे में सोचा भी नहीं था। रागिनी सोच रही थी कि बुलेटिन में ऐसा क्या हुआ है जिसकी ओर गुप्ता जी इशारा कर रहे हैं।

“पांडे बाबा, सूत्र पत्रकारिता की शुरुआत रामायण काल में हुई थी और विभीषण भाई साहब सृष्टि के पहले सूत्र पत्रकार थे। आप नारद मुनि का नाम भी ले सकते हैं, लेकिन वो बस इधर की खबर उधर, उधर की खबर इधर करनेवाले थे। ये सूत्र पत्रकारिता नहीं होती है। सूत्र पत्रकारिता की सबसे बड़ी शर्त होती है—विश्वासघात। जिसके पाले में रहो, उसकी खबर लीक करो। विभीषण भाई इस शर्त पर पूरी तरह खरे उतरते हैं।

"मीडिया लाइन में सूत्र पत्रकारिता की शुरुआत इसी विश्वासघात के साथ शुरू हुई। चतुर पत्रकारों ने हर जगह वैसे लोगों को खोज निकाला जो अपने पक्ष की गुप्त जानकारी देने के लिए तैयार रहते थे। यही लोग कहलाए सूत्र। अब यहाँ आप पूछेंगे कि ऐसा क्यों? जवाब के लिए फिर चलिए विभीषण भाई की ओर। विभीषण महाराज एक तो अपने बड़े भईया से प्रताड़ित थे। दूसरे, हो सकता है कि उनके मन में खुद राजा बनने की चाह हो। बाबा वाल्मीकी ने नहीं लिखी है ये बात लेकिन चांस तो है ही।

"कुछ दिनों तक ये व्यवस्था सही से चली। जब तक पान में चूना लगता रहा, स्वाद सही आता रहा, लेकिन बाद में यही भाई लोग चूना में ही पान बनाने लगे। सूत्र बताए उन्हें चार आना, वो सोलह आना बनाकर बेचने लगे। सूत्रों के साथ डबल गेम भी खेलने लगे। दोनों जगह से मलाई खाने की फिराक में। विभीषण की खबर प्रभु राम के साथ रावण तक भी पहुँचाने लगे।

"सूत्र पत्रकारिता के सूत्रधार पत्रकारों की इस हरकत से नाराज हो उठे। उनके पूर्वज विभीषण को प्रभु राम ने उनकी रिपोर्टिंग के एवज में सोने की लंका से नवाज दिया था और यहाँ ये पत्रकार चाय भी उन्हीं की पीते थे। मौका देखकर उनकी लंका भी लगा देते थे। तब विरोध के तौर पर सूत्रों ने अपने साइड की गुप्त खबर सीधे सम्पादकों तक पहुँचाना शुरू कर दिया। कुछ सूत्र परदे के पीछे रहकर गुप्त खबर सोशल मीडिया पर पोस्ट करने लगे।

"रागिनी जी, मुझे तो लगता है कि अगर रियल विभीषण के समय भी सोशल मीडिया होता तो वो पक्का एक फेक एकाउंट बनाकर फेसबुक पर लिख देता कि रावण की जान नाभि में बसती है। एक्सपोज होने और इतनी बदनामी झेलने की तब बेचारे को जरूरत नहीं पड़ती।"

"सूत्रों के इस रुख से झटका खाए पत्रकारों ने इसके बाद दूसरा रास्ता अख्तियार कर लिया। अपने सूत्र वो खुद बन गए। दिमाग लगाकर

खबर को उसके अंजाम तक पहुँचाने लगे। साथी पत्रकारों को सूत्र बना लिया। पान बनानेवाले पन्नू से पूछने लगे—पन्नू, तुझे क्या लग रहा है कि इस बार किसको गृहमंत्री की गद्दी मिलेगी? पन्नू पान बनाते-बनाते गृहमंत्री भी बनाने लगा, "बाबा, मुझे तो लग रहा है कि इस बार राधा बाबू की लॉटरी लगेगी। वो अपना चायवाला मन्नू भी उन्हीं का नाम ले रहा था।"

"लेकिन रागिनी जी, न्यूज रूम के अन्दर तो खुद एक से बढ़कर एक कलाकार हैं। रिपोर्टरों की दो-चार भविष्यवाणी गलत निकल गई तो वो समझ गए कि 'फेंकता है साला' गाना इन्हीं सूत्र पत्रकारों से प्रेरित होकर लिखा गया होगा। तब उन्होंने इस फील्ड में खुद आत्मनिर्भर बनने का फैसला किया। दूसरे चैनलों पर नजर जमाना शुरू कर दिया। वहाँ सूत्रों से हवाले से जो खबर चलती थी, उसी खबर में थोड़ा फेरबदल करके उसे वो अपने सूत्रों के हवाले से मिली खबर बताकर चलाने लगे।

"कुछ न्यूज रूम में बैठे-बैठे अपना दिमाग लगाकर भी सूत्र पत्रकारिता करने लगे, जैसे आज त्यागी के स्पोर्ट्स बुलेटिन प्रोड्यूसर ने किया है। अच्छा सीक्वेंस सजाया था। स्केच और डायलॉग भी जबरदस्त था। बस एक गलती कर बैठा। भूल गया कि रवि शास्त्री को कोरोना हुआ है और वो अभी अस्पताल में भर्ती है!"

"क्या बात कर रहे हैं, गुप्ता जी? शास्त्री अस्पताल में और ये उसे दिखा रहा है टीम इंडिया के ड्रेसिंग रूम में? रुकिए, अभी मैं इस त्यागी की बैंड बजाता हूँ। अभी सोशल मीडिया पर इसको वायरल कराता हूँ।"

"पांडे प्लीज! एंकरिंग मैं कर रही हूँ। लोग मुझे भी बेवकूफ समझने लगेंगे।" खबर के अन्दर की खबर समझते ही रागिनी ने पांडे के सामने गुहार लगाई।

"नो प्लीज डॉर्लिंग! पांडे धन्धे में कभी समझौता नहीं करता है।"

"छोड़ दीजिए पांडे बाबा, खामख्वाह रागिनी जी की तौहीन होगी। और वैसे भी इसमें इनका क्या कसूर? एंकर तो बस वही बोलता है जो प्रोड्यूसर लिखकर देता है। अपना दिमाग लगाता कहाँ है?"

रागिनी और उलझन में पड़ गई। ये गुप्ता जी उसकी पैरवी कर रहे हैं या फिर उस पर टोंट?

"रागिनी जी के नाम पर छोड़ दीजिए, पांडे बाबा। वैसे भी आज सूत्र पत्रकारिता के नाम पर मूत्र पत्रकारिता का जो दौर चल रहा है, उसमें इतना तो चलता ही है। न्यू नॉर्मल है ये।"

"पांडे सर, एक आदमी भूख से मर गया है। वो देखिए, 'हिन्दुस्तान न्यूज' पर चल रहा है।"

पांडे कैंटीन में बैठकर समोसा खा रहा था। 'हिन्दुस्तान न्यूज' पर नजर गई तो हाथ का समोसा प्लेट में रख दिया।

"अरे अरे, ये तो बहुत दर्दनाक तस्वीर है। अपने यहाँ भी जल्दी से चलाओ। बेचारे के पेट का तो पता ही नहीं चल रहा है।"

"पेट और पीठ का डिस्टेंस नपवा रहे हैं, सर? वीडियो एडिटर को बोले हैं कि वो टेप के जरिए दिखा देगा कि इसके पेट और पीठ के बीच कितना कम गैप है?"

"बढ़िया। इसमें निराला जी की वो लाइन भी लगा दो—

पेट-पीठ दोनों मिलकर हैं एक
चल रहा लकुटिया टेक।

"लाइन तो एकदम जहर है सर, जहर! इसको उस टेप के जरिए जस्टिफाई भी कर देंगे, सर।"

"हाँ और एंकर को बोल कि बढ़िया से ठोके सबको। खाने की बर्बादी का मुद्दा उठाए। इंग्लैंड या ऑस्ट्रेलिया में जितना अन्न पैदा होता है शायद उससे ज्यादा हिन्दुस्तान में थाली में बरबाद हो जाता है।"

"ऐसा?"

"हाँ, ऐसा ही कुछ कहीं पढ़ा था मैंने। रिसर्च वाले से कन्फर्म कर लेना। ऑस्ट्रेलिया है या इंग्लैंड?"

"ओके, सर।"

"ऐसा कर, ग्रॉफिक्स वाले से एक स्केच बनवा। दो बन्दे बैठे हुए हैं। उनके सामने प्लेट में ढेर सारा खाना रखा होगा। एक बन्दा मुर्गे की टाँग खींचते हुए बोलेगा—यार, ये साले अंग्रेज, क्या खाकर हमारा मुकाबला करेंगे? वो जितना पैदा करते हैं, उतना तो हम प्लेट में छोड़ देते हैं।"

"गजब! यहाँ से सटायर के अन्दाज में पैकेज को खींचते हैं, सर।"

"हाँ, शो की शुरुआत सटायर से करना और शो खत्म होते-होते पब्लिक को रुला देना। सोशल मीडिया पर एक वीडियो कुछ दिनों पहले वायरल हुआ था। उसमें एक आदमी खाने के लिए अपनी सूखी रोटी को पानी से गीला कर रहा है। उस वीडियो को बीच-बीच में दिखाना। एंकर से बुलवाना कि आपकी थाली में छोड़ा हुआ रोटी का एक टुकड़ा इस भिखारी को जीवन दे सकता था। आप जीवनदाता बन सकते थे, आप भगवान विष्णु की तरह जगत् पालक बन सकते थे, कुछ इसी टाइप के इमोशनल डायलॉग बुलवाना।"

"क्या सैंटी डायलॉग है, सर!"

"और उसके बाद शो को भ्रष्टाचार से रिलेट कर। सवाल उठा कि जब गरीबों के लिए इतनी कल्याणकारी योजनाएँ हैं, जब गरीबों के लिए हर साल करोड़ों-अरबों का बजट दिया जाता है तो फिर एक शख्स भूख से कैसे मर जाता है? किसकी जेब में जा रहा है वो पैसा? लूट की उस बन्दरबाँट में कौन-कौन शामिल है?"

"आप निश्चिन्त रहें, सर। वीडियो के बीच-बीच में वाइप भी लगा दूँगा। गोड्डा के डीएम इस तस्वीर को देखिए, झारखंड के सीएम इस गरीब को देखिए।"

"गोड्डा! झारखंड! अबे, ये झारखंड की खबर है क्या?" पांडे कुर्सी छोड़कर खड़ा हो गया। प्रोड्यूसर पहले से ही खड़ा था।

"हाँ, सर। गोड्डा तो झारखंड में ही है।"

"ज्ञान मत दे। इतना पता है मुझे। जा, खबर ड्रॉप कर। परसों ही वहाँ से विज्ञापन मिला है। वापस कराएगा क्या? उसी भिखारी की तरह भूखों मरना चाहता है? अपने अन्नदाता के खिलाफ खबर चलाएगा!"

"सॉरी सर, मैंने इस एंगिल पर गौर नहीं किया था।"

"किया कर। नहीं तो जिन्दगी भर कॉपी ही लिखता रहेगा। कोई कॉपी लिखकर और टॉप-स्लग छापकर एडिटर नहीं बनता। सम्पादक बनने के लिए इन्हीं सब बातों का खयाल रखना पड़ता है।"

"जी, सर।"

"चल, जा और सबको बता दे। झारखंड की कोई खबर लेते वक्त पहले मुझसे बात कर लें। और केवल झारखंड ही नहीं, हर उस चीज की खबर लेने से पहले मुझसे बात कर लें जिसका विज्ञापन अपने चैनल पर आ रहा है।" प्रोड्यूसर चुपचाप वापस लौट चला।

दूसरी तरफ इस खबर को लेकर 'हिन्दुस्तान न्यूज' में त्यागी अपने प्रोड्यूसर को आदेश दे रहा था। उसके साथ मार्केटिंग टीम का बन्दा भी था। चैनल में विज्ञापन वगैरह लाने की जिम्मेदारी उसी शख्स की थी।

"इस खबर को टानो। तब तक टानो जब तक झारखंड सरकार से किसी का फोन नहीं आ जाता है। गेस्ट बुलाओ, पंचायत सजाओ, मजमा लगाओ। यहाँ भी, राँची में भी, गोड्डा में भी। और कुछ करना है?" त्यागी मार्केटिंग टीम वाले बन्दे की तरफ मुखातिब हुआ।

"अभी नहीं। पहले इतने पर झारखंड सरकार का रिएक्शन देख लेते हैं। लेकिन ध्यान रहे, सरकार का रिएक्शन आने से पहले इस खबर से हटना नहीं हैं।"

"सवाल ही नहीं उठता है। आप एकदम निश्चिन्त रहो।" मार्केटिंग टीम वाले बन्दे को आश्वासन देने के बाद त्यागी फिर अपने प्रोड्यूसर की तरफ मुड़ा।

"ऐसा करो, बाकी खबर को फटाफट वाले बुलेटिन में डाल दो।

तीन-चार सेकेंड में एक खबर को निबटा दो। पूरा जोर इस खबर पर लगाओ। मौत का महाकवरेज! एक रोटी की कीमत तुम क्या जानो? अरे, कौन है अभी वहाँ का सीएम? गूगल बाबा पर देख लो। उसका नाम डालकर कुछ इसी टाइप की लाइन लिखो। गलती से उसके खिलाफ एक खबर अपने चैनल पर क्या चल गई, सरकारी विज्ञापन हमसे छीनकर 'भारत टीवी' वालों को दे दिया। सब लग जाओ। जरा तगड़े से चमकाओ झारखंड सरकार को।"

टीवी न्यूज की दुनिया में चमकाना एक कला है, साहित्य है, विज्ञान है, तकनीक है , व्यवहार कुशलता का अनिवार्य अंग है। यहाँ हर बड़ा अपने से छोटे को बीच-बीच में चमकाता रहता है। चमकाते रहने का एक फायदा यह होता है कि जूनियर अपनी औकात नहीं भूलता है। दूसरा, वह निःशुल्क सीख जाता है कि जब उसके नीचे कोई आ जाए तो उसे कब और कैसे चमकाना है? टीवी की दुनिया की यह गुरु-शिष्य परम्परा है। गुरु परोपकार की भावना से शिष्य को चमकाता है, शिष्य परोपकार की उस भावना में अपनी तरफ से कुछ जोड़कर उसे नीचे की तरफ ट्रांसफर कर देता है। बीच-बीच में कुछ नालायक किस्म के शिष्य भी निकल आते हैं जो गुरु दक्षिणा के तौर पर गुरु को ही चमका देते हैं।

खबर चमकाना एक अलग विधा है। साहित्य की तरह ही इसके दो पहलू हैं—संवेदना और शिल्प। प्रोड्यूसर बॉस की संवेदना को देखते हुए खबर के सहारे टारगेट को चमकाता है। पुलिस की लाठीचार्ज को एक चैनल क्रूरता का प्रतीक बता सकता है, दूसका चैनल कानून व्यवस्था कायम रखने के लिए जरूरी शर्त बता सकता है, तीसरा उस लाठी को सरकार के सिर पर बजा सकता है, चौथा चैनल सरकार से डील करके विपक्ष के सिर पर वार कर सकता है। पाँचवाँ चैनल हाथरस के लाठीचार्ज को सीधे हस्तिनापुर सरकार से कनेक्ट कर सकता है, छठा चैनल उसे नेहरू की नीतियों से जोड़ सकता है। लाठी एक, एंगल अनेक! खबर एक, सुर अनेकानेक!

खबर चमकाने का शिल्प पक्ष बहुआयामी है। इसमें वीडियो-ऑडियो

का सोलह श्रृंगार किया जाता है। कलर कॉम्बिनेशन, लाइट इफैक्ट, सर्किल, एरो, बबल जैसी चीजों का प्रयोग करके उसे इतना सजाया-धजाया जाता है कि वह दर्शकों के दिल को सीधे चाक-चाक कर दे! बेदी साहब की जुबाँ में—'हुआ जो तीर-ए-नजर नीमकश तो क्या हासिल, मजा तो तब है जब सीने के आर-पार चले!'

वीडियो को दर्शकों के सीने के आर-पार चलाने के लिए वीडियो एडिटर अपनी पूरी काबिलियत लगा देता है। एक थप्पड़ को लूप में डालकर कई बार मारते हुए दिखाता है। कभी स्लो मोशन में, कभी फास्ट-फॉरवर्ड करके। कभी लेफ्ट एंगल से, कभी राइट एंगल से, कभी ड्रोन एंगल से! इफैक्ट भी अलग-अलग टाइप के डालता है ताकि देखनेवाला कह उठे कि वाह, क्या थप्पड़ है? कभी खाने का सौभाग्य मिले तो इसी अन्दाज में खाएँ।

लेकिन यह बात केवल देखनेवाला ही कह सकता है, खानेवाला नहीं। टीवी पर थप्पड़ खानेवाले की क्या मनोदशा होती है, उसका किस्सा सुनना हो तो गुप्ता जी के पास पहुँच जाइए। पांडे और रागिनी को पहली बार गुप्ता जी ने ही वह किस्सा सुनाया था।

"एक जाट किसान था वो पांडे बाबा! यहीं मेरठ के पास का। उम्र होगी यही कोई साठ-पैंसठ। अच्छा-खासा हट्टा-कट्ठा, तगड़ा। तो हुआ ये था कि वो अपनी बाइक से कहीं जा रहा था। बेचारे का बुढ़ापा खराब होना था। जिस वक्त वो सड़क से गुजर रहा था, उसी वक्त एक नेता जी का काफिला भी वहीं से गुजर रहा था। काफिले में दस-बीस गाड़ियाँ, पच्चीस-तीस उनके चमचे-बेलचे।

"अब हुआ ये कि उसके बाइक की टक्कर मंत्री जी के काफिले की एक गाड़ी से हो गई। मामूली खरोंच लगी थी गाड़ी में, लेकिन मालिक से

ज्यादा तो कुत्ते का रौब-दाब होता है। आप अपने ऑफिस में ही देखिएगा, पांडे बाबा। आपसे ज्यादा पॉवर में आपका चेला रहता होगा। मंत्री जी को पता भी नहीं चला, इधर उनके बॉडीगार्ड ने उस जाट को एक थप्पड़ रसीद कर दिया। हाँ, कसकर नहीं मारा था, लेकिन उसका हाथ तो उसके गाल के करीब जरूर गया था। एक तरह से धमकानेवाला अन्दाज था।

"मंत्री जी को इस वाकये की खबर उसी समय लग गई। चुनाव का समय था। ऐसे में वो हर चीज पर कड़ी नजर रखे हुए थे। और यहाँ तो उनके चुनाव क्षेत्र के एक मतदाता के अपमान का मुद्दा था। चुनावी मौसम में नेता अपने मतदाता का अपमान कैसे बरदाश्त करता था?

"मंत्री जी तुरन्त अपनी गाड़ी से उतरकर उस बूढ़े तक आए। हाथ जोड़कर माफी माँगी। सजा के तौर पर उस बॉडीगार्ड को कान पकड़कर पच्चीस दंड बैठक लगाने का फरमान सुनाया। बॉडीगॉर्ड को सुबह-सवेरे वर्जिश करने का मौका नहीं मिल पाया था। अब मंत्री जी ने मौका दिया तो उसने पच्चीस की जगह पचास बार दंड बैठक पेल दिया। दो-चार बार हाथ-पैर इधर-उधर फेंककर खुद को रोज की तरफ चुस्त-दुरुस्त कर लिया।

"बूढ़ा इस सजा से सन्तुष्ट हो गया। कोई और चारा भी नहीं था उसके पास। मंत्री जी ने इतना बड़प्पन दिखाया, यही क्या कम है? खैर, बात आई-गई हुई। बूढ़ा चुपचाप घर चला गया। किसी से कुछ कहा नहीं। मन में ये भी था कि चलो, शुक्र है कि ज्यादा लोगों ने उसे थप्पड़ खाते देखा नहीं। जिसने मारा, वो भी कुछ दिनों बाद उसका चेहरा भूल जाएगा। मंत्री जी ने माफी भी मँगवा दी। लोकतंत्र में एक आम बूढ़े को इससे ज्यादा और क्या चाहिए?

"बूढ़े के कलेजे को थोड़ी ठंडक मिली। हाथ-पैर धोकर घर के अन्दर पहुँचा तो उसकी साँस रुक गई। सामने टीवी चालू था। स्क्रीन पर वो बेचारा दनादन थप्पड़ खा रहा था। असल में तो उस बेचारे ने तो एक ही थप्पड़ खाया था, लेकिन यहाँ एक की गिनती पूरी होने से पहले तीन थप्पड़ खा गया। तड़ाक, तड़ाक, तड़ाक!

"हुआ ये था कि मंत्री जी के काफिले के पीछे-पीछे टीवी चैनलवाले भी थे। मंत्री जी ने अपने समर्थक चैनलवालों के रिपोर्टर का गला और गाड़ी, दोनों गीला कर दिया था, लेकिन जो चैनल उनके खिलाफ मोर्चा खोले रहते थे, उनकी गाड़ी और गला, दोनों सूखा छोड़ दिया था। अब उसी में से किसी एक ने उस थप्पड़ को कैमरे में कैद कर लिया था।

"जब वो थप्पड़ कैमरे की कैद से निकलकर ऑफिस में वीडियो एडिटर के टेबल पर पहुँचा उसने थप्पड़ को लूप में डाल दिया। एक की जगह तीन थप्पड़! साथ ही, ऑडियो में भी अपना कमाल दिखा दिया। किसी फिल्मी सीन में से थप्पड़ का ऑडियो निकालकर उस वीडियो पर चिपका दिया था। अब वहाँ थप्पड़ के साथ-साथ सटाक, सटाक की हाहाकारी आवाज गूँज रही थी।

"एक दूसरा प्रोड्यूसर दो कदम आगे बढ़ गया। उसे याद आया कि लड़की छेड़ने के मामले में जब पुलिसवाले ने उसे थप्पड़ लगाया था तो वो दर्द से कराह उठा था। दो दिन तक गर्म पानी में नमक डालकर कुल्ला करता रहा। अब बूढ़े को थप्पड़ खाते देखकर उसे अपना दर्द याद आ गया। उसे इंटरनेट से कराहने की आवाज भी मिल गई। उसने कट-पेस्ट करके वो आवाज बूढ़े वाले वीडियो में लगा दिया। फिर उसे याद आया कि थप्पड़ पड़ने पर आँखों के आगे बिजली भी कौंधी थी। उसने वीडियो में लाइट इफेक्ट भी डाल दिया। बूढ़े को जैसे ही थप्पड़ पड़ता था, तेज बिजली-सी चमक उठती थी।

"उस वीडियो पर एक तीसरे चैनल वाले की नजर पड़ी तो उसे वहाँ कुछ अधूरा लगा। थप्पड़, रोशनी, आवाज, दर्द। इसके बाद क्या? आँसू! आँसू का खयाल आते ही वो खुशी से झूम उठा। तुरन्त उसने थप्पड़ वाले सीन को स्टिल करके वहाँ बूढ़े की आँखों में आँसू ला दिए। बेबस आँखों से टपकते दो बूँद आँसू! अब वीडियो का सीक्वेंस ये बन रहा था। पहले थप्पड़, फ्लैश के साथ थप्पड़ की गूँज, उसके बाद कराहने की आवाज और आखिर में बूढ़े की आँखों से अपमान के दो बूँद आँसू।

"बेचारा बूढ़ा क्या करता? अपमान के इस आँसू को किसी तरह पीने लगा। घर समाज के सामने सफाई देता रहा कि ऐसा कुछ नहीं हुआ था जैसा ये ^%$# टीवी वाले दिखा रहे हैं, लेकिन उसकी बात पर कौन विश्वास करे? यार-दोस्त दयाभाव दिखाने लगे, बहू ने बुलन्द जुबाँ में सुना दिया कि घर में इतनी चौधराहट दिखाते रहते हैं, बाहर बोली नहीं फूटे।

"इतने भर से बेचारे बूढ़े की मुसीबत खत्म नहीं हुई। जब कभी किसी नेता की हनक की कोई बात सामने आती, सारे चैनल वाले नेताओं की दादागीरी के सबूत के तौर पर उसका वीडियो लगा देते। बूढ़ा फिर सारे चैनलों पर पिटने लगता। रिश्तेदार फोन करके हालचाल पूछने लगते, बच्चे ताली बजाकर चिल्लाने लगते—वो देखो, वो देखो ताऊ आज फिर पिट रहा है, रो भी रहा है!

"एक दिन नाती ने गोद में चढ़कर सही में दो थप्पड़ जड़ दिया। थप्पड़ जड़ने के बाद माँग करने लगा कि नाना, अब यहाँ रोकर दिखाओ। बूढ़े की आँखों से उस रोज वाकई आँसू छलक उठे थे। बेचारा बूढ़ा जिन्दगी से निराश हो चला। समझ गया कि ये टीवीवाले उसे इसी तरह ता-उम्र थप्पड़ खिलाते रहेंगे। अपमानित करते रहेंगे। ऐसी जलालत भरी जिन्दगी से तो मौत अच्छी।

"बूढ़ा गाँव की नदी के ऊपर बने पुल पर चढ़ा और नीचे कूद गया। मन में था कि जिन्दगी के साथ-साथ अपमान का ये अध्याय भी खत्म हो जाएगा, लेकिन उस बेचारे की फूटी किस्मत! बाँध बन जाने की वजह से नदी में पानी ही नहीं था। जो थोड़ा-बहुत पानी था, वो पहले से इतनी गन्दगी समेटे हुआ था कि उसने टीवीवालों की नई गन्दगी को गोद लेने से इनकार कर दिया। बूढ़े को वापस किनारे लगा दिया।

"पुलिस तक खबर पहुँची तो दारोगा उसे थाने उठा लाया। पूरा मामला सुना तो दो लप्पड़ खींचकर लगाया। बूढ़े ने तेजी-से आसपास देखा। कोई टीवीवाला नहीं था। चैन की लम्बी साँस ली। दारोगा थप्पड़ जड़कर उससे हमदर्दी दिखाने लगा! समझाया कि 'ताऊ, तुम्हारे मरने के बाद भी

ये टीवीवाले तुम्हारा पीछा नहीं छोड़ेंगे। बड़े हरामी जीव हैं। देखते नहीं हो, ये स्वर्ग की सीढ़ी खोज लाते हैं। यमराज के दरबार तक पहुँच जाते हैं। उनकी भैंस पर अपनी एंकर बिठा देते हैं। ताऊ, तुम स्वर्ग जाओ या नर्क ये तुम्हें वहाँ से भी खोज निकालेंगे। रावण की गुफा में जाकर छिपोगे तो वहाँ भी कैमरा लेकर पहुँच जाएँगे। तुम्हारा यही वीडियो फिर दिखाएँगे और कहेंगे कि नेता के अपमान की वजह से एक सम्मानित बुजुर्ग की आज ये हालत हो गई। कहेंगे तुमको सम्मानित, लेकिन अपमानित करने में कोई कोर-कसर नहीं छोड़ेंगे। दर हरामी होते हैं ये।'

"इस अपमान से बचने के उपाय के तौर पर दारोगा ने बूढ़े को एक लिस्ट निकालकर दी। उन सारे लोकल पत्रकारों का नाम-ठिकाना बताया जो उससे हफ्ता वसूलते थे। समझाया कि इन सबको बढ़िया से सूत दो, तुम्हारा वीडियो फिर कभी नहीं चलेगा।

"तो रागिनी जी, उसके बाद बूढ़े ने गाँव जाकर महापंचायत बैठाई। पूरा मामला पंचों के सामने रखा। उसके बाद पूरे इलाके के पत्रकारों की कुटाई शुरू हुई। जाटों ने खेतों में दौड़ा-दौड़ाकर पीटा। तब कहीं जाकर उन पत्रकारों ने अपनी-अपनी लाइब्रेरी से वो वीडियो डिलीट कराए। बूढ़े को जीते जी मुक्ति मिल गई।"

"त्यागी सर, साढ़े सात का शो बिहार की बाढ़ पर कर लें? बड़ी दिलकश तस्वीर आई है वहाँ से। एक गाय पानी में स्विमिंग कर रही है। एक बच्चा माइकल जैक्सन के स्टाइल में केले के खम्भे पर फिसल रहा है। एक लड़की तो सिर पानी में डुबकी लगा रही है, एकदम 'राम तेरी गंगा मैली' वाले स्टाइल में।"

"ओके, ओके। कर लो, लेकिन पाकिस्तान और चीन का एंगल जरूर डाल देना।"

"पाकिस्तान और चीन का एंगल! सर, खबर तो 'बिहार की बाढ़' है!" प्रोड्यूसर थोड़ा गड़बड़ाया।

"अबे, मतिमन्द! बिहार को नेपाल से जोड़। वहाँ की नदी से जोड़। फिर नेपाल की नदी को चीन से जोड़। दोनों की मिलीभगत बता। लिख कि दोनों मिलकर भारत के खिलाफ साजिश कर रहे थे और उसी में पाकिस्तान को शामिल कर दे। चैनल का यही नया लाइन-लेंथ तय हुआ है। हर खबर में चीन या पाकिस्तान का एंगल जरूर होना चाहिए। आगे से ध्यान रखना। और शो थोड़ा राष्ट्रवादी टाइप का बनाना। बाढ़ देखकर लोगों में राष्ट्रभक्ति का भाव आए।"

"जी, सर!"

"कैसे जगाएगा राष्ट्रभक्ति? प्रोमो क्या लिखेगा?" त्यागी के सवाल पर प्रोड्यूसर फिर लड़खड़ाया। गनीमत यही रही कि खुद त्यागी ने उसे इस मुश्किल से उबार लिया।

चल प्रोमो लिख—

बिहार की बाढ़ से चीन, नेपाल और पाकिस्तान बेहाल

बिहारी वीर बाँकुरों ने नाकाम की दुश्मन की चाल

अब डूबेगा ड्रैगन, पानी माँगेगा पाकिस्तान

नेपाल बन जाएगा जलभरा रेगिस्तान

रात 7.30 बजे देखिए 'दुश्मनों पर बिहार का बरसाती वार'

"गजब! क्या लाइन लिया है सर आपने?" प्रोड्यूसर ने त्यागी को एक मोटी गाली दी मन में।

"और सुन, कल की तरह आज चीन पर बम गिराते वक्त चीनी कम्पनी का टीवी मत बेचने लगना। उसका ऐड मत चला देना। महबूबा से माल भी वसूलेगा और उसके घर बम भी गिराएगा?"

"सर, वो मैंने सोचा कि....

"क्या सोचा? इंडियन पब्लिक पहले चीनी कम्पनी की टीवी खरीदेगी और फिर उसी टीवी पर बीजिंग पर बम गिरता हुआ देखेगी? तेरी इस सोच का नतीजा पता है तुझे? टीवी कम्पनीवालों ने मार्केटिंगवालों की रात में ही क्लास लगा दी। बड़ी मुश्किल से उन लोगों ने ऐड रोका है। तू थोड़ा इन सब बातों का खयाल रखा कर। वैसे भी अब तो अवॉर्डी प्रोड्यूसर बन गया है तू!"

"सर, सब आपकी कृपा है। इस बार तो मेरे शो को दो-दो अवॉर्ड मिले हैं। इंक्रीमेंट के वक्त खयाल रखिएगा।"

"बेटे, तेरे इंक्रीमेंट के पैसे से ही तो तेरे शो का अवॉर्ड खरीदा गया है। इस साल इंक्रीमेंट भूल जा। नौकरी चल रही है, यही बहुत है। ये बता, रात 8 बजे क्या करेगा?"

"8 के लायक कोई टॉपिक नहीं दिख रहा है, सर।" प्रोड्यूसर इंक्रीमेंट के सदमे में डूबा हुआ था।

"ये सारे रिपोर्टर निकम्मे हो गए हैं। कहीं से कोई खबर ही नहीं भेजते हैं।"

"और सर, आज तो अखबार भी नहीं छपे हैं। छपे होते तो आप वहीं से कोई आइडिया चेप देते।" प्रोड्यूसर की आवाज में तंज था।

त्यागी अखबारों से खबर निकालने में माहिर था। न्यूज रूम में घुसते ही सारे अखबार लेकर बैठ जाता। अंग्रेजी के मामले में हाथ तंग था, लेकिन इतना समझदार जरूर था कि मोटी हेडलाइन देखकर समझ जाता था कि कोई बड़ी खबर होगी, तभी अंग्रेजी वालों ने हेडलाइन बनाई है। हिन्दी के अखबारों से त्यागी खुद अपने टेस्ट की खबर निकालता, फिर उस खबर को शूट करने के लिए रिपोर्टर, कैमरामैन वगैरह को तैनात करता। तब उसे अपने चैनल की एक्सक्लूसिव खबर बनाकर पेश करता।

न्यूज रूम में लोग मजाक करते थे कि जिस दिन अखबार बन्द हो जाएँगे, उस दिन त्यागी सुसाइड कर लेगा। प्रोड्यूसर के तंज में भी वही भाव

छुपा हुआ था, लेकिन त्यागी उनकी सोच से आगे की चीज था।

"कोई नहीं। टीवी-टेस्टेड दाऊद तो है ही। बेचारा पिछले बीस साल से बिना सैलरी लिए इंडियन टीवी न्यूज इंडस्ट्री की सेवा कर रहा है। उसी को चला।"

मरनेवाला है दाऊद!

रात 8 बजे, 'हिन्दुस्तान न्यूज' पर LIVE

कैंटीन से निकलकर पांडे न्यूज रूम पहुँचा तो उसकी नजर 'हिन्दुस्तान न्यूज' पर पड़ी। वहाँ पर दाऊद इब्राहिम के मरने की भाविष्यवाणी करता हुआ प्रोमो चल रहा था। अस्पताल के बिस्तर पर लेटा दाऊद और उसके नीचे—'मरनेवाला है दाऊद' LIVE! पांडे को देखते ही 8 बजे का शो प्रोड्यूसर उसके पास पहुँच गया।

"सर, 'हिन्दुस्तान न्यूज' वाले तो 8 बजे दाऊद के मरने की भविष्यवाणी कर रहे हैं। हम क्या करें, सर?"

"तुम मार दो।"

पांडे रिलैक्स था। ये खेल वो बरसों से खेल रहा था, लेकिन प्रोड्यूसर थोड़े तनाव में था। मीडिया में आए हुए ज्यादा दिन नहीं हुए थे उसे अभी।

"वो दाऊद के मरने की भविष्यवाणी कर रहे हैं, तुम दाऊद को टपका दो और वो भी अभी ही। खड़े-खड़े। लिखो।"

मर गया दाऊद!

रात 8 बजे, 'भारत टीवी' पर LIVE

थोड़ी देर बाद ही 'भारत टीवी' पर भी प्रोमो चलने लगा। तस्वीर में दाऊद कफन में लिपटा हुआ था और साथ में टेक्स्ट—मर गया दाऊद!

"सर, सर, 'हिन्दुस्तान न्यूज' वालों ने तो दाऊद को सुपुर्दे खाक कर दिया!"

प्रोड्यूसर की बात सुनकर पांडे टीवी की तरफ तेजी से घूमा—"क्या बात कर रहा है?" 'हिन्दुस्तान न्यूज' पर दाऊद कब्र में लेटा हुआ था और उसकी तस्वीर के साथ लिखा था—

'दफन हुआ दाऊद! रात 8 बजे 'हिन्दुस्तान न्यूज़' पर'

"गजब! हमने दाऊद को कफन ओढ़ाया तो उन्होंने उसे कब्र में पहुँचा दिया! लगता है, ये त्यागी आज टक्कर देने के मूड में है। ऐसा कर मरने वाला प्रोमो हटा, नया प्रोमो उतार।" पांडे शो प्रोड्यूसर की तरफ मुड़ा।

'दोजख के रास्ते में डॉन!

रात 8 बजे 'भारत टीवी' पर LIVE'

"अब देखते हैं, त्यागी क्या करता है?"

पांडे कुर्सी पर चौड़ा होते हुए दोनों चैनल देखने लगा। उसके चैनल पर दाऊद का नया प्रोमो तीन-चार बार चला होगा कि 'हिन्दुस्तान न्यूज' का प्रोमो बदल गया।

हूरों के दरबार में हैवान!

रात 8 बजे 'हिन्दुस्तान न्यूज' पर LIVE

"अरे, गजब! हूरों के पास पहुँचा दिया दाऊद को? ये त्यागी तो आज बहुत फास्ट चल रहा है।"

'हिन्दुस्तान न्यूज' के प्रोमो को देखते ही पांडे बुदबुदाया। तेजी-से पहुँचा शो प्रोड्यूसर की टेबल पर। एक हाहाकारी आइडिया चल रहा था उसके दिमाग में।

"ए नया प्रोमो उतार—

दाऊद का पुनर्जन्म,

रात 8 बजे LIVE।"

“दाऊद का पुनर्जन्म!” प्रोड्यूसर थोड़ा चौंका।

“क्यों? नहीं करा सकता? जब उसको मार सकता है, दफन कर सकता है, हूरों के दरबार में पहुँचा सकता है तो फिर पुनर्जन्म क्यों नहीं?”

शो प्रोड्यूसर पांडे की दलील से प्रभावित दिखा लेकिन, अभी भी एक मुद्दा उसके दिमाग में खटक रहा था।

“LIVE भी लिखूँ, सर?”

“LIVE क्यों नहीं लिखेगा? हम तो हर चीज में LIVE लिखते हैं। वो देख क्राइम प्रोमो—रेप LIVE। मर्डर LIVE। LIVE लिखना तो अपने चैनल की पॉलिसी है।”

“वो तो ठीक है, लेकिन इस केस में LIVE थोड़ा अजीब लगेगा, सर।”

“अजीब क्यों? क्या कहना चाह रहा है तू?”

“सर, पुनर्जन्म, मतलब बच्चा पैदा होते LIVE दिखाना ठीक रहेगा?”

“अरे बेवकूफानन्द, LIVE लिखना चैनल की पॉलिसी है, LIVE दिखाना नहीं। इतनी मामूली बात नहीं समझता है?”

शो प्रोड्यूसर ‘हिन्दुस्तान न्यूज’ छोड़कर ‘भारत टीवी’ आया था। पांडे और त्यागी के बीच जारी जंग की खबर थी उसे। त्यागी से वो खुन्नस खाए हुए था। उसी कड़ी में उसने अपना दाँव खेला।

“सर, पुनर्जन्म दिखाते वक्त बच्चे की तस्वीर में त्यागी का सिर काटकर लगा दें। उसी को दाऊद का नया अवतार बना दें।”

“अबे, गजब! क्या आइडिया निकाला है तुमने, लेकिन छोड़। ये कुछ ज्यादा हो जाएगा। कल को जवाब में त्यागी रेप के किसी आरोपी में मेरा सिर लगा सकता है।”

“हाँ, ये खतरा तो है, सर।”

“वही तो। चल, वैसे भी मैंने तो दाऊद का नया जन्म करा दिया। अब देखते हैं, ये त्यागी क्या करता है?”

पांडे के साथ सब ‘हिन्दुस्तान न्यूज’ पर नजर जमाए रहे, लेकिन

वहाँ दाऊद पर कोई नया प्रोमो नहीं दिखा। सिंहासन पर बैठे दाऊद की तस्वीर और 'हूरों के दरबार में हैवान' वाला टेक्स्ट बदस्तूर चलता रहा।

"आ गया त्यागी औकात पर। चला था मुझसे मुकाबला करने। वो दाऊद को मार रहा था, मैंने नया दाऊद पैदा कर दिया। चल, अब जाकर नया दाऊद पैदा कर। अब ये मत पूछना कि सीजेरियन से करूँ या नॉर्मल? जो मन में आए, कर देना।"

त्यागी को मात देकर पांडे प्रफुल्लित हो रहा था, लेकिन प्रोड्यूसर की आखिरी बात ने उसके रंग में भंग डाल दिया।

"सर, बुलेटिन का माहौल तो बन गया, लेकिन खबर में दिखाएँगे क्या?"

प्रोड्यूसर की बात पूरी होने से पहले ही पांडे हत्थे से उखड़ गया—

"अबे, एकदम ढक्कन हो क्या? तुमको पता नहीं है कि दाऊद और बगदादी जैसे लोगों की किसी खबर में क्या दिखाया जाता है? बगदादी अब तक 527 बार मर चुका है। दाऊद भी 600 से ज्यादा बार मर चुका है। किसी भी बार पुलिस, सेना, सीबीआई या रॉ वालों ने उन्हें नहीं मारा है। हर बार हम चैनलवालों ने उसे मारा है। पिछले महीने भी मारा था मैंने उसे। लाइब्रेरी से निकाल वो मर्डर शो।"

"लेकिन सर, आज तो नए दाऊद को पैदा कर रहे हैं आप। आज तो कुछ अलग..."

"अबे, अलग क्या होगा? एंकर लिंक में सूत्रों के हवाले से पैदा होनेवाली बात लिख देना। लिख देना कि पाकिस्तान के कबायली इलाके में एक बच्चा पैदा हुआ है जो दूध की जगह 'दाऊद-दाऊद' चिल्लाता है। यू-ट्यूब से 'दूध-दूध' चिल्लाते बच्चे का कोई वीडियो निकाल लेना। दूध को कट करके दाऊद का साउंड पेस्ट कर देना।

"पाकिस्तान से किसी का फोनो ले और उसके नीचे पुराना पैकेज दिखा। उसी पैकेज में थोड़ा-बहुत दाएँ-बाएँ कर देना। नीचे की लाइन को ऊपर कर देना, ऊपर की लाइन को बीच में ले आना और बीच की लाइन

को नीचे कर देना। दाऊद का प्रोफाइल पैकेज ऐज इट इज चला देना। पाँच साल पहले मैंने ही बनाया था। लाइब्रेरी में सुरक्षित रखा हुआ है। चल जा, इतने में बन जाएगा तेरा शो।"

"सर, एक आखिरी सवाल।" प्रोड्यूसर अभी केबिन में ही था। पांडे ने उसको घूरते हुए दरियादिली दिखाई—

"पूछ ले नहीं तो दाऊद की तरह तेरी भी आत्मा भटकती रहेगी। पूछ।"

"सर, शो में एक गाना लगा दें?"

"गाना! कौन-सा लगाएगा?"

"जुग जुग जियस, ललनवा, भवनवा के भाग जागल हो।"

"अरे, गजब मेरे लाल! क्या आइडिया निकाला है! थोड़ा और सुना। इसके आगे गीत के बोल क्या हैं?"

प्रोड्यूसर बचपन से सिंगर बनना चाहता था। वो गीत-संगीत की दुनिया में अपना ठिकाना बनाना चाहता था, लेकिन बाप की वजह से जुर्म की दुनिया में पहुँचा गया था। अपने इलाके का लोकल लीडर था उसका बाप। लोकल पत्रकारों से खासा परेशान रहता था। उन्हीं को काउंटर करने के लिए बेटे को इस फील्ड में उतारा था, लेकिन बालक की आत्मा गीत-संगीत में ही बसी हुई थी। अब जैसे ही पांडे ने उसे अपनी प्रतिभा दिखाने का मौका दिया, उसने मौके को भुनाना शुरू कर दिया। भाव-विभोर होकर गाने लगा—

जुग जुग जियसु ललनवा
भवनवा के भाग जागल हो
ललना लाल होइहें
कुलवा के दीपक
मनवा में आस लागल हो

"अबे, गजब! कितना अच्छा गाता है तू? यही काम क्यों नहीं शुरू कर देता?"

"सर, इतना अच्छा तो नहीं गाता, लेकिन मौका मिले तो..."

"अरे नहीं, इतना अच्छा तो गाता है तू! जहाँ बच्चा पैदा हो, वहाँ पहुँच जा। कुछ ताली बजानेवालों को जानता हूँ मैं। तू सोहर गाना, वो ताली बजाकर धुन बना देंगे। उनकी टीम में शामिल करा देता हूँ तुझे।"

शो प्रोड्यूसर को झटका लगा। तारीफ या तंज? उसने पांडे की आँखों में झाँककर देखा! 8 PM, पांडे CM! फिल्म सिटी में मशहूर जुमला था, लेकिन अभी 8 बजने से पहले ही पांडे की आँखे लाल हो चली थीं।

"इस गाने का मतलब पता है तुझे?"

"सर, अब इग्जैक्ट मतलब तो नहीं पता, लेकिन ये पता है कि जब भगवान राम पैदा हुए थे तब डीजे वालों ने यही गाना बजाया था।"

"डीजे वालों ने! त्रेता युग में डीजे बजता था! और दाऊद राम जी हैं? दाऊद को उनकी कैटेगरी में पहुँचा देगा? भगवान राम और दाऊद एक साथ!" पांडे की गर्जना सुनकर प्रोड्यूसर गीत-संगीत की सुरीली दुनिया से टपककर गालियों की गली में आ गिरा।

"अबे साले, तू पैदाइशी लल्लू लाल है या फिर मीडिया में आने के बाद हुआ है? धर्मद्रोही खबर दिखाएगा? राष्ट्रद्रोही खबर दिखाएगा? देश के दुश्मन दाऊद के पैदा होने पर खुशी के गीत बजाएगा? जश्न मनाएगा?"

शो प्रोड्यूसर के मुँह से बोल नहीं फूट रहे थे। वो मुँह लटकाए केबिन से बाहर निकलने ही वाला था कि अचानक पांडे के दिमाग की बत्ती जल उठी। वो बिजली की तेजी-से कुर्सी से उठा—

"अबे रुक, रुक मेरे लाल! इस धर्मद्रोह से एक नया आइडिया आया है। फाड़ू आइडिया, बेटे। क्या गाना सुनाया है तूने! दिल खुश कर दिया। ये त्यागी क्या चला रहा है? हूरों के दरबार में हैवान।"

पांडे तेजी-से 'हिन्दुस्तान न्यूज' की तरफ मुड़ा। 'हिन्दुस्तान न्यूज' यही प्रोमो चला रहा था। हूरों के बीच में सिंहासन पर बैठा दाऊद।

"रुक जा बेटे, रुक जा। अब देख इस त्यागी को मैं कैसे जमीन पर

ले आता हूँ? तू ऐसा कर। ये त्यागी वाला प्रोमो डाउनलोड कर। ग्रॉफिक्स वाले को बोल कि नर्क में दाऊद की कुछ तस्वीर बनाए। नर्क में सजा काटता हुआ दाऊद।"

"गर्म तेल में पकौड़ी की तरह तला जाता दाऊद...उसके नाक-कान काटते यमदूत...टाइप की तस्वीरें, सर?"

"अबे, ये पुराना कॉन्सेप्ट है। यही सब दिखाकर दादी मुझे डराती थी। कुछ नया सोच।"

"आरा से चीरते हुए दिखा देता हूँ, सर।"

"ये कॉन्सेप्ट भी पुराना है। अच्छा चल, ये सब तो बना ही ले। साथ ही गन्ने का रस निकालनेवाली जो मशीन होती है, उसमें भी दाऊद को गन्ना की तरह लगवा दे। सिर चक्की के इस तरफ, धड़ उस तरफ।"

"ओके, सर। बाल्टी में दाऊद का रस टपकते हुए भी दिखा दूँगा।"

"दिखा देना, जो मर्जी दिखा देना। दाऊद क्लेम करने थोड़े आ रहा है? और सुन, जाते वक्त असाइनमेंट को बोल कि शो में एक पंडित और एक मौलवी को बुला ले। और बोल देना कि गेस्ट ऐसे बुलाए जो ठीक से पंडित और मौलवी जैसे दिखें। पंडित के माथे पर बढ़िया त्रिपुंड लगा हो। गले में रामनामी भगवा गमछा हो। बड़े दाने वाले रुद्राक्ष की माला हो। रुद्राक्ष का छोटा दाना स्क्रीन पर ठीक से दिखता नहीं है। संस्कृत के दो-चार जुमले उछाल ले, ऐसा पंडित होना चाहिए। और मौलवी के सिर पर टोपी मस्ट है। मौलवी की दाढ़ी जितनी लम्बी हो, उतना अच्छा। और पायजामा नीचे से जरूर थोड़ा उठा हुआ होना चाहिए। उसके पास न हो तो अपने यहाँ से वैसा पायजामा दे देना। मँगाकर रखा है मैंने। जा, जल्दी से ये सारे काम पूरे कर। और सुन, अब वो पुराना प्रोमो हटा।"

"क्या हुआ, सर? अब नया दाऊद पैदा नहीं करेंगे?"

"कल कर देंगे, बेटे। परसों कर देंगे। अगले महीने कर देंगे। तेरा लेबर पेन तो शुरू नहीं हो गया है?"

"नहीं सर, नहीं।" प्रोड्यूसर फिर पांडे को नाराज करने के मूड में

नहीं था लेकिन एक सवाल को लेकर वो बेहद परेशान था। दोबारा डाँट के खतरे के बावजूद वो सवाल उसकी जुबाँ पर आ ही गया—

"लेकिन सर, हम दिखाएँगे क्या?"

"8 बजे देख लेना, बेटे। मैं खुद रहूँगा वहाँ। अभी जा, जितना समझाया है, उतना ठीक से करना। मैं आ रहा हूँ चाय पीकर।"

"सर, यही राजीव धवन हैं, आईटी एक्सपर्ट। टीआरपी खेल के बड़े खिलाड़ी। इन्हीं के बारे में मैंने आपको बताया था।"

त्यागी एक शख्स के साथ पहुँचा था अपने बॉस के केबिन में। मालवीय उस वक्त टीआरपी चार्ट टेबल पर फैलाए गहन चिन्तन में डूबा हुआ था। पिछले हफ्ते की तरह इस हफ्ते भी उसके चैनल की टीआरपी 'भारत टीवी' वालों से कम आई थी। इस मुद्दे पर उसने दोपहर में त्यागी के साथ लम्बी बात की थी। उसी दौरान त्यागी ने उसे एक नया आइडिया दिया था। वो शख्स उसी आइडिया से जुड़ी हुई कड़ी था।

"यस-यस। आइए, राजीव जी। बताइए आप हमारे लिए क्या कर सकते हैं?"

"सर, आपको तो पता ही है कि अपने इंडिया में 40 हजार के आसपास टीआरपी मीटर लगे हुए हैं और उन्हीं के आधार पर टैम टीआरपी तय करता है।"

"पता है, राजीव जी, कोई नई बात बताइए।"

"सर, आपको ये भी पता है कि जिन घरों में टीआरपी मीटर लगाया गया है, उसकी जानकारी गुप्त रखी जाती है। ऐसा इसलिए किया जाता है ताकि कोई चैनल उन लोगों तक नहीं पहुँच सके जिनके घरों में टीआरपी मीटर लगाया गया है, उनको पैसे देकर अपना चैनल देखने के लिए नहीं कह सके।"

"फिर भी कुछ चैनल ऐसा कर लेते हैं। हाल ही में एक चैनल ने किया है।"

"लेकिन बहुत कम घरों तक पहुँच पाया था वो चैनल, सर। मुश्किल से चार-पाँच सौ घरों तक।"

"पता है, राजीव जी। ये बात भी पुरानी है। कुछ नया बताइए।" मालवीय थके स्वर में बोला। त्यागी ने जिस अन्दाज में राजीव धवन की तारीफ की थी, उससे कहा था कि राजीव के पास ऐसी हाहाकारी चीज है, जिसके जरिए वो लोग टीआरपी में बड़ा खेल कर सकते हैं, वो सारी बातें उसे गलत लगने लगी थीं। वो बेमन से राजीव की बात सुन रहा था।

"नई बात ये है सर कि मैं आपको उन सारे घरों की लिस्ट मुहैया करा सकता हूँ जहाँ टीआरपी मीटर लगी हुई हैं।"

"क्या बात कर रहे हैं?" धवन की ये बात सुनते ही मालवीय चौंका।

"उन सभी घरों की लिस्ट जहाँ टीआरपी मीटर लगा हुआ है?"

"हाँ, एड्रैस और फोन नम्बर के साथ। एड्रैस और नम्बर गलत निकला तो पैनाल्टी के साथ पैसे वापस।"

मालवीय कुछ देर तक सोच में डूबा रहा।

"आपका चार्ज?"

"पाँच लाख। एक लाख एडवांस। उसके बाद हर एक हजार की लिस्ट पर एक लाख। एड्रेस कन्फर्म न हो तो मुझसे डेढ़ लाख ले लीजिएगा। एक लाख आपके, पचास हजार जुर्माना। वो मैं दूँगा।"

धवन के कॉन्फिडेंस से मालवीय प्रभावित हुआ। सौदा भी उसे फायदेमन्द लगा। पाँच लाख में सभी टीआरपी मीटर्स की जानकारी! जिन घरों में मीटर लगे हैं, उनको मैनेज करो, टीआरपी उठाओ, उसी टीआरपी के दम पर कम्पनियों से विज्ञापन लेकर मालामाल हो जाओ। मालवीय ने बिना देर किए डील क्लोज कर दी।

धवन अपनी कार में पहुँचा तो वहाँ एक लाख पहुँच चुका था। उसने उसमें से दस हजार निकालकर त्यागी को दे दिए। दर परसेंट त्यागी का

कमीशन तय हुआ था। हर लाख पर दस हजार। त्यागी डबल खुशी में झूमता हुआ बाहर निकला। "पचास हजार की एक्सट्रा कमाई और टीआरपी में पांडे की...! अब देखता हूँ कि वो पांडे कैसे मुझसे पार पाता है?"

"अरे गजब, क्या मस्त वीडियो बनाया है तूने! शाबाश। मजा आ गया।"

8 बजे का शो शुरू हो चुका था। त्यागी ने अपने प्रोड्यूसर की क्रिएटिविटी की तारीफ की। प्रोड्यूसर ने यू-ट्यूब से एक वीडियो डाउनलोड किया था। वीडियो में हीरो को घेरकर हीरोइन नाच-गा रही थी। उसके साथ और भी लड़कियाँ हीरो का मन बहला रही थीं। वीडियो एडिटर ने हीरो का सिर काटकर उसके धड़ के साथ दाऊद का सिर लगा दिया था, ये फील दिलाने के लिए कि दाऊद के इर्द-गिर्द हूरें मँडरा रही है।

"और वो देखिए सर, हूरें दाऊद को किस भी कर रही हैं। एकदम रियल लग रहा है, सर।"

"अबे, ये तो फ्रेंच किस है! तूने तो स्वर्ग में फ्रेंच किस भी करा दिया। गजब!"

"सर, स्वर्ग नहीं, बहिश्त। इस्लाम में तो बहिश्त..."

प्रोड्यूसर ज्ञान देना चाह रहा था, लेकिन त्यागी ने उसका ज्ञान लेने से इनकार कर दिया।

"तू गया है बहिश्त?"

"सर, मैं तो हिन्दू हूँ। मैं तो स्वर्ग..."

"वहाँ गया है? देखा है तूने स्वर्ग?"

प्रोड्यूसर चुप हो गया। समझ गया कि गलत जगह अपनी ज्ञान गंगा बहा बैठा है। अब त्यागी उसी ज्ञान गंगा में गर्दन पकड़कर उसे डुबकी लगवाने लगा।

"तुम लोगों की इसी साम्प्रदायिक सोच की वजह से देश का ये हाल

हो रहा है। धार्मिक कट्टरता बढ़ रही है। हिन्दू-मुस्लिम करते रहते हो। स्वर्ग और बहिश्त में फर्क करते हो? सब बराबर है। जो सुख-सुविधा स्वर्ग में, वही सुख-सुविधा बहिश्त में। असल मुद्दा स्वर्ग या बहिश्त का नहीं हैं बेटे, असल मुद्दा कुछ और है।

"अच्छा चल बता, ये अपने चैनल और वो उस पांडे के चैनल में क्या फर्क है? और ये सोच, अगर मैं कल को पांडे के चैनल में चला जाऊँ या पांडे इस चैनल में चला आए तो हम दोनों की सेहत पर क्या फर्क पड़ेगा? हम दोनों बड़े लोग हैं, बॉस हैं। स्वर्ग में भी सुख भोगेंगे, बहिश्त में भी। लेकिन तू? तू अभी छोटा आदमी है। अदना-सा प्रोड्यूसर है। दोनों जगह गाली सुनेगा। अब तू उसे दोजख कह या नर्क, तेरी मर्जी।

"महाभारत का दुर्योधन यहाँ धरती पर सबसे गाली खाता रहा। सब उसे पापी, अधर्मी बोलते रहे, लेकिन मरा तो वो भी स्वर्ग पहुँच गया। जहाँ सत्यवादी और पुण्यात्मा युद्धिष्ठिर, वहीं कुकर्मी दुर्योधन। क्यों? क्योंकि वो बड़ा आदमी था। राजा था। उसे कैसे नर्क भेजा जा सकता था? तो बेटे, बड़े लोगों के लिए धरती के कायदे-कानून ही नहीं, ऊपर के नीति-नियम भी बदल जाते हैं। अपने गालिब चाचा को सब पता था। इसीलिए उन्होंने कहा है—

हमको मालूम है जन्नत की हकीकत लेकिन
दिल के खुश रखने को गालिब ये खयाल अच्छा है

"तो वीर बालको, ये स्वर्ग-नर्क, जन्नत-दोजख के फेर से बाहर निकलो। बड़ा आदमी बनो। असल मुद्दा बड़ा आदमी बनने का है, बॉस बनने का। उस मुद्दे को समझो। बड़े लोगों के धर्म का मर्म समझो।"

त्यागी उन्हें कुछ और समझा पाता, उससे पहले पांडे ने एक बड़ा धर्मद्रोह कर दिया। टीम त्यागी की नजर जब 'भारत टीवी' की पट्टी पर पड़ी तो वो चिल्ला उठे।

"सर, वो पांडे तो आपको धर्मद्रोही बता रहा है!"

"क्या! मुझे धर्मद्रोही!"

"हम सबको, सर। पूरे चैनल को। वो देखिए 'भारत टीवी'।"

त्यागी के साथ मौजूद सभी लोगों की नजर 'भारत टीवी' पर टिक गई। 'भारत टीवी' का एंकर चीख रहा था—

"देशवासियो, ये देखिए एक धर्मद्रोही चैनल की करतूत। नाम में 'हिन्दुस्तान' है लेकिन काम पाकिस्तान से भी ज्यादा गलीज! देखिए, देश के सबसे बड़े गुनहगार, हिन्दुस्तान के सबसे बड़े दुश्मन को कैसे वो अय्याशी करा रहा है? उसे हूरों की सेवा मुहैया करा रहा है। इस वक्त कायनात का सबसे बड़ा सवाल—क्या 'हिन्दुस्तान न्यूज' हूरों का सप्लायर है?"

'भारत टीवी' के स्क्रीन पर 'हिन्दुस्तान न्यूज' का वही वीडियो दिख रहा था, जिसकी तारीफ करके त्यागी अभी हटा था।

"देखिए, ये है उस चैनल का देश के दुश्मन दाऊद को लेकर नजरिया। दाऊद के सामने सुन्दरियों को परोस रहा है वो। हसीनाओं को थाली में रखकर पेश कर रहा है! इतना बड़ा देशद्रोह? इतना बड़ा धर्मद्रोह?"

'हिन्दुस्तान न्यूज' की जमकर क्लास लगाने के बाद पांडे का एंकर अपने गेस्ट से मुखातिब हुआ—

"मौलवी साहब, पहले आप बताइए। क्या आपका पाक मजहब इसकी इजाजत देता है?"

"सवाल ही नहीं उठता है, साहब। हमारे मजहब में नेक खयाल वालों के लिए, इस्लाम की खातिर शहीद होनेवालों के लिए बहिश्त की व्यवस्था की गई है। दाऊद जैसे पापियों के लिए हमारे मजहब में साफ तौर पर दोजख की व्यवस्था की गई है।"

"वाजिब फरमा रहे हैं आप, मौलवी साहब। इस्लाम में जैसे दोजख है, उसी तरह हिन्दू धर्म में नर्क है। पंडित जी, नर्क में पापियों के लिए कैसी सजा का फरमान सुनाया गया है?"

पंडित जी विस्तार से 'नर्क पुराण' सुनाने लगे। पाप की कैटेगरी के हिसाब से सजा बताने लगे। टीवी स्क्रीन पर वही तस्वीर दिखने लगी, जिसके

बारे में पांडे ने प्रोड्यूसर को समझाया था—कड़ाही में उबलता दाऊद, आग में जलता दाऊद, आरे से कटता दाऊद।

"आप एकदम सही कह रहे हैं, पंडित जी। देश की भावना को देखते हुए देश के चैनल 'भारत टीवी' ने दाऊद के लिए नर्क में एक नई सजा की माँग की है। देखिए, ये बेहद खास तस्वीर। गन्ने की मशीन में दाऊद! हम चाहते हैं कि दाऊद को कुछ इसी तरह की सजा मिले।"

"आपकी ये माँग बिलकुल जायज है।" पंडित और मौलवी एक सुर में बोले, "हम ऊपरवाले तक आपकी इस माँग को पहुँचाएँगे। आपकी ये तस्वीर दिखाएँगे। उनसे प्रार्थना करेंगे कि दाऊद को मरने के बाद इसी तरह की सजा मिले।"

"मैं आप दोनों की भावनाओं की कद्र करता हूँ। दाऊद को लेकर आप दोनों की राय बिलकुल जायज है, लेकिन बड़े शर्म की बात है कि देश का ही एक चैनल दाऊद को अय्याशी करा रहा है। उसको हूरों की सप्लाई कर रहा है। अब देश को ये तय करना है कि वो खबर दिखानेवाला चैनल है या फिर हूरों की सप्लाई करनेवाला दलाल?"

एंकर की बात पूरी होने से पहले ही टीम त्यागी का खून खौल उठा। सब रण हुंकार भरने लगे—

"सर, देशद्रोही और धर्मद्रोही तक तो ठीक है, लेकिन हूरों का सप्लायर? कुछ कीजिए, सर।"

"चाचा, कार की चाभी दीजिए। हॉकी स्टिक लेकर आता हूँ।"

लड़का त्यागी के दूर की रिश्तेदारी का भतीजा था। कॉलेज की पढ़ाई पूरी करके बाहर निकला तो डिग्री के साथ-साथ हॉकी स्टिक भी साथ लेकर निकला। डिग्री का कभी खयाल नहीं रखा, लेकिन हॉकी स्टिक को हरदम अपने सीने से चिपकाकर रखता था। उसी हॉकी स्टिक की बदौलत वो कभी शिक्षित बेरोजगारों की कैटेगरी में खड़ा नहीं हुआ। अपने और अपने गुर्गों के खाने-पीने का खर्चा आराम से निकाल लेता था। बस, त्यागी को उसके लिए महीने दो महीने में पुलिस प्रशासन को फोन करना पड़ता था।

त्यागी को पत्रकार के तौर पर भतीजे में प्रचुर सम्भावना दिखी। पिछले महीने गाँव गया तो अपने साथ उसे भी ले आया। एक मोहल्ला टाइप के मीडिया इंस्टीट्यूट से फर्जी सर्टिफिकेट दिला दिया। बैकडेट में एक चैनल से इंटर्नशिप करा दिया और फिर पिछले दरवाजे से अपने चैनल में पत्रकार बना दिया। भतीजा वफादार था। पांडे से मुकाबले की बात सुनते ही उसकी भुजाएँ फड़क उठीं, लेकिन त्यागी ने उसे शौर्य प्रदर्शन की इजाजत नहीं दी। कन्धे पर हाथ रखकर कोने में ले गया।

"कितनी बार समझाया है तुझे? ऑफिस में 'चाचा-वाचा' मत कहा करो। 'सर' कहो, 'सर'। किसी को पता नहीं चलना चाहिए कि तुम मेरे भतीजे हो। भाई-भतीजावाद का आरोप लगने लगता है।"

भतीजे को भाई-भतीजावाद का मीडियावाद समझाकर त्यागी अपने केबिन में पहुँचा। वहाँ दो बेहद खास मेहमान उसका इन्तजार कर रहे थे।

"पांडे बाबा, ये टीआरपी पर जो बवाल शुरू हुआ है, उस पर मैं एक नाटक लिख रहा हूँ 'एनिमल फार्म' के स्टाइल में। अरे, वही जॉर्ज ऑरवेल साहब का उपन्यास। हाँ, हाँ। उन्होंने सूअर, भेड़, बकरा के जरिए स्टालिन की तानशाही पर निशाना साधा था। मैं कुछ उसी अन्दाज में टीआरपी गेम पर निशाना साध रहा हूँ। लीड रोल में हैं तीन बन्दर और उनका रिंग मास्टर।"

पांडे को झटका लगा। दरअसल, इस खेल का वो खुद अहम खिलाड़ी था। जिस राजीव धवन से त्यागी ने टीआरपी के लिए सौदा किया था, उस राजीव धवन से पांडे पहले ही मिल चुका था। पांडे ने अपने चैनल से चार लाख में उसका सौदा कराया था। अपना कमीशन काटकर, टीआरपी मीटरवाले घरों तक पहुँचकर उसने उन परिवारों को पैसे के दम पर अपना चैनल देखने के लिए तैयार कर लिया। कुछ दिनों तक उसने टीआरपी की चाँदी भी काटी, बाद में जब टीम त्यागी उन घरों तक पहुँची तो उन्हें पता

लगा कि पांडे इस मोर्चे पर भी उनसे आगे है। उसके बाद उन्होंने बवाल काटना शुरू किया तो फिर पूरे देश के सामने टीआरपी का खेल उजागर हो गया। अब पांडे गुप्ता जी की बात सुनकर सोच में डूब गया कि कहीं गुप्ता जी को उसके खेल की खबर तो नहीं लग गई है?

"बापू के बन्दर? बुरा मत बोलो, बुरा मत देखो, बुरा मत सुनो वाले बन्दर?" रागिनी की उत्सुकता जगी।

"अरे नहीं, रागिनी जी। हकीकत में वो तीनों बन्दर तो बापू के साथ ही स्वर्ग सिधार गए। जब युद्धिष्ठिर महाराज का कुत्ता उनके बिना धरती पर टिकने का साहस नहीं जुटा पाया तो फिर बापू के बन्दर उनके बिना कैसे टिक पाते? अब तो गोडसे के बन्दरों का बोलबाला है, रागिनी जी। न सच दिखाना है, न सच सुनाना है, न सच बताना है।"

रागिनी चिन्ता में पड़ गई कि कहीं गुप्ता जी उसकी तरफ निशाना तो नहीं साध रहे हैं? लेकिन नहीं। उन्होंने तो केवल बन्दरों की बात कही है, बन्दरियों की नहीं। रागिनी ने राहत की लम्बी साँस ली। धुएँ के चौड़े छल्ले के साथ बचे-खुचे तनाव को रिलीज किया और गुप्ता जी की मीडिया फार्म की दास्ताँ सुनने लगी। पांडे पहले की तरह पटकथा के अन्दर की कथा में उलझा हुआ था।

"तो एक सीन में तीनों बन्दर अपने रिंग मास्टर के सामने हाजिर होते हैं, पांडे बाबा। वहाँ जाते ही एक बन्दरुआ उछल-कूद करने लगता है। धूम-धड़ाम, जोर से चीखना-चिल्लाना, टेबल पर हाथ पटकना। रिंग मास्टर को गुस्सा आ जाता है। इनफैक्ट रिंग मास्टर पहले से बहुत तेज गुस्से में था। उसने तीनों बन्दरुओं को मिलकर झूठ फैलाने के लिए कहा था, लेकिन ये तीनों एक-दूसरे के ही झूठ का पर्दाफाश करने लगे थे। अरे वही, खुद ज्यादा केला खाने के चक्कर में। मीडिया की भाषा में टीआरपी।

"अब उनकी इस हरकत से रिंग मास्टर की बहुत बदनामी हो रही थी। लिहाजा उसने तीनों की क्लास लगाने के लिए दरबार में बुलाया। अब वहाँ भी एक बन्दरुआ जाने के साथ शुरू हो गया। रिंग मास्टर ने बाकी

दोनों बन्दरों को उसे पटककर जूता सुँघाने के लिए कहा। आपको तो पता है ही बाबा कि अपने पूर्वांचल में मिर्गी का दौरा आने पर लोग फटा जूता सुँघाते हैं, लेकिन बाबा, वो बन्दरुआ इतना बेशर्म कि जूता लगाने पर भी ठीक नहीं हुआ।

"रिंग मास्टर ठहरे परम ज्ञानी आदमी। अपने चेलों की रग-रग से वाकिफ। उन्होंने हौले-से अपना एक जूता खोलकर आगे बढ़ा दिया।

"अब पांडे बाबा, मालिक का जूता चाटते ही वो बन्दरुआ चुस्त-दुरुस्त हो गया। एकदम नॉर्मल। प्रॉपर वे में पूँछ हिलाने लगा। खुश होकर रिंग मास्टर के जूते से खुद को दो-चार जूता भी लगा लिया।

"रिंग मास्टर थोड़ा नर्म पड़े। बालक को माफ कर दिया, लेकिन बाबा, वहाँ फिर एक नया बवाल शुरू हो गया। बाकी के दोनों बन्दरुए मायूस हो गए। रिंग मास्टर से रो-रोकर कहने लगे कि आपका जूता चाटने का हक़ केवल इसी बन्दरुआ को क्यों? हमें क्यों नहीं? फर्जी राष्ट्रवाद का नारा बुलन्द करने और नफरत की खेती करने में हम उससे कम थोड़े हैं?

"रिंग मास्टर कोई फैसला सुना पाते, उससे पहले तीनों के बीच जूतम-पैजार शुरू हो गया। कोई जूता चाट रह है, कोई जूता सूँघ रहा है, कोई दूसरे को जुतिया रहा है! बड़ा बवाल। बाबा, ये मेरे प्ले का क्लाइमेक्स है। लेकिन एंड कैसे करूँ, ये समझ में नहीं आ रहा है।"

"*थ्री इडियट्स* के स्टाइल में पिछवाड़ा ठोकवा दीजिए गुप्ता जी। जहाँपनाह, तोहफा कबूल करो! जहाँपनाह, तोहफा कबूल करो! लास्ट सीन में जहाँपनाह उठकर तीनों के पिछवाड़े में ठोकर मारेंगे।"

प्ले का एंड बताकर पांडे रिलैक्स हो उठा था। समझ गया कि उसके खेल की खबर अभी गुप्ता जी तक नहीं पहुँची है।

"गजब! क्या धाँसू एंड बताया है, पांडे बाबा!"

"रियलिस्टिक एंड है, गुप्ता जी। पेट पर लात खाने से अच्छा है कि पिछवाड़े पर लात खा लिया जाए।"

"त्यागी जी, नमस्कार। हम लोग गोंडा से आए हैं।"

"पता है मुझे। गार्ड बता चुका है। बताओ, क्या बात है?"

त्यागी ने अपने सामने बैठे दोनों शख्सों को गौर से देखा। एक शक्ल-सूरत से हरामी दिख रहा था, दूसरा थोड़ा शरीफ।

"त्यागी जी, मैं गोंडा में डीएसपी हूँ।" सूरत से हरामी दिख रहे शख्स ने अपना परिचय दिया।

"और मैं गोंडा का डॉन शमशेर हूँ।" शरीफ दिख रहे शख्स ने अपना परिचय दिया।

"ओके। बताओ, क्या काम है?"

"सर, आपके रिपोर्टर ने बड़ी प्रॉब्लम खड़ी कर दी है। हमसे हफ्ता लेने के बावजूद वो हमारा काम नहीं कर रहा है।"

"काम तो करता है वो तुम लोगों का। गोंडा से कभी कोई क्राइम की खबर नहीं भेजता है।"

"वही तो, सर। उससे कह रहे हैं कि एक दो खबर चला दो, लेकिन वो खबर चलाने के लिए अलग से पैसे माँग रहा है।"

"मतलब?" त्यागी जैसा सुलझा हुआ इनसान भी इस समीकरण में उलझ गया।

"मतलब ये कि गोंडा से क्राइम की कोई खबर नहीं आने से वहाँ मेरा रुतबा घटता जा रहा है। लोगों को लग रहा है कि डॉन शमशेर ठंडा पड़ गया है। कुछ दिन यही हालत रही तो लोग हफ्ता देने की बात तो छोड़िए, दुआ-सलाम करना भी छोड़ देंगे।

"और क्राइम की कोई खबर नहीं आने से मेरे डिपार्टमेंट में लोगों को लग रहा है कि मैं कुछ काम नहीं कर रहा हूँ। डीआईजी साहब मेरा ट्रांसफर करने की बात कर रहे हैं। क्राइम की कुछ खबर चल जाएगी तो उनको लगेगा कि गोंडा का पुलिस प्रशासन चुस्त-दुरुस्त है।"

"समस्या तो वाकई नाजुक है तुम दोनों की। हमारा रिपोर्टर क्या कहता है?"

"वो कहता है कि हम हफ्ता इस बात का लेते हैं कि क्राइम की खबर नहीं चलने देंगे। अब अगर खबर चलानी है तो फिर उसके पैसे अलग से लगेंगे।"

"बात तो वाजिब है उसकी। अपने डील पर टिका हुआ है बन्दा! कितना माँग रहा है?"

"एक खबर के लिए पच्चीस हजार।"

"चलो, बीस दे देना। मैं फोन कर दूँगा उसे।"

"सर, पन्द्रह का रेट रखिए। दूसरे जगह भी तो...।"

"अच्छा यार जाओ, एकदम किराना दुकान की तरह मोलभाव करते हो। खैर, हम भी 'हर कीमत पर खबर' वाले लोग हैं। ऊँचे लोगों के लिए ऊँची कीमत पर खबर, टटपूंजियों के लिए कम कीमत पर खबर। जाओ, जाकर ठीक से काम करो। अगली बार ऊँची कीमत पर खबरवाले बनकर आना।"

"जानते हैं पांडे जी, अपने गोवर्धन बाबा बहुत ज्ञानी थे। परम ज्ञानी। बहुत पढ़े-लिखे। राजनीति के भी अच्छे जानकार थे। साम-दाम-दंड-भेद—सबमें माहिर। बस, जिन्दगी में एक ही गलती कर बैठे। चेला गलत चुन बैठे।"

गुप्ता जी का 'गोवर्धन प्रकरण' शुरू हुआ, लेकिन पांडे उनका प्रवचन सुनने के मूड में नहीं था। उसका मूड उखड़ा हुआ था। टीवी की दुनिया के एक पुराने नामचीन सम्पादक ने उसके खिलाफ सोशल मीडिया पर काफी कुछ लिख दिया था। उसके डिबेट शो की आलोचना करते हुए यहाँ तक लिख दिया कि पांडे जैसे पत्रकार पत्रकारिता के नाम पर कलंक हैं। वो अपने जमाने के बड़े सम्पादक थे, लिहाजा उनकी पोस्ट तेजी-से वायरल हो रही थी। काफी लोग पांडे को भला-बुरा कह रहे थे।

"गुप्ता जी, बन्द कीजिए अपना 'गोवर्धन पुराण' और चाय पिलाइए।

ये साला अपने जमाने में तो टीआरपी के लिए खुद इतना गन्ध मचाता था। कभी दुनिया को खत्म करता था, कभी खबर दिखाता था कि एलियन्स गाय को उठाकर अन्तरिक्ष में ले गए..."

"अगले रोज उस गोबर तक कैमरा लेकर भी पहुँच गया था जो उसके मुताबिक गाय ने अन्तरिक्ष से किया था! उसी पर तो आपको गोवर्धन बाबा का किस्सा सुना रहा हूँ। सुनिए, मूड फ्रेश हो जाएगा। लीजिए, आपकी रागिनी जी भी आ गई। आपका आधा मूड तो ऐसे ही फ्रेश हो गया होगा। आइए, रागिनी जी।"

"अबे पांडे, तू तो सोशल मीडिया स्टार बन गया! ये देख, कितनी तेजी-से गालियाँ पड़ रही हैं तुझे!" रागिनी ने आते ही अपना मोबाइल पांडे के सामने कर दिया।

"ये देख, लोग चुन-चुनकर तुझे गाली दे रहे हैं। और ये देख, तू ट्वीटर पर ट्रेंड भी कर रहा है। बॉयकॉट पापी पांडे! चल, इसी बात पर आज पिज्जा खिला।"

रागिनी चहक रही थी, लेकिन पांडे का चेहरा उतरा हुआ था। थोड़ी देर बाद रागिनी की नजर पांडे के चेहरे पर पड़ी।

"अबे, तेरे चेहरे का रंग क्यों उतरा हुआ है? क्या हुआ?"

"अरे, वही उस पुराने सम्पादक ने..." गुप्ता जी की बात पूरी नहीं होने दी रागिनी ने।

"अबे, उस की बात पर तू परेशान हो रहा है! वो 900 चूहा खाकर हाथी चला हज करने..."

"हाथी नहीं रागिनी जी, बिल्ली, बिल्ली। हाथी तो चले बाजार, कुत्ता भूँके हजार वाला मुहावरा है।"

"गुप्ता जी, आप पुराने लोगों में यही प्रॉब्लम है। लकीर के फकीर बने रहते हैं। कब तक पुराने मुहावरों पर टिके रहिएगा? कुछ तो नया गढ़िए। कुछ तो नया कीजिए। सीखिए मेरे लौंडे से। रोज टीवी की दुनिया में नया करता है। रोज एक नया मुहावरा गढ़ता है, रोज एक नया कारनामा करता

है। पूरी इंडस्ट्री में भूचाल लाए हुए है। कभी पड़ी है किसी को इतनी गाली? मैं तो सोच रही हूँ कि मेरे दिन कब आएँगे? कब पड़ेंगी मुझे इतनी गालियाँ? इसकी शोहरत देखकर सब पुराने सम्पादकों को गोलकी लग गई है।"

गुप्ता गोलकी की जगह मिर्ची कहना चाह रहा था, लेकिन थोड़ी देर पहले बिल्ली को हाथी बनते हुए देख चुका था। खामोशी से प्याली में चाय डालता रहा।

"और बताइए गुप्ता जी, किसका किस्सा सुना रहे थे?" रागिनी ने चाय का कप लेने के साथ टॉपिक चेंज किया।

"गोवर्धन बाबा का, रागिनी जी। उन्हीं का किस्सा सुनाकर इनको रिलैक्स कर रहा था।"

"सुनाइए गुप्ता जी, सुनाइए। वाकई आपके गोवर्धन बाबा काफी इंट्रेस्टिंग कैरेक्टर थे। अगर वो जिन्दा होते तो मैं जरूर मिलती उनसे।"

"क्या बात कर रही हैं आप? वैसे आप एक बार उनसे मिल लेतीं तो मुरीद हो जातीं उनकी। वो भी आपको पलकों पर बिठाकर रखते।"

"रियली?"

"हाँ...हाँ, रागिनी जी। सौन्दर्य के उपासक थे वो। सुन्दरता के पुजारी। बस, बुद्धि से बैर था उनको।"

"मतलब?"

"मतलब ये रागिनी जी कि उनको पढ़े-लिखे, समझदार-संस्कारी लोग ज्यादा नहीं भाते थे। हरामियों की संगत ही पसन्द आती थी उनको।"

"गुप्ता जी! कहना क्या चाह रहे हैं आप? मैं बेवकूफ? मैं हरामी...?" रागिनी ब्लास्ट करने के लिए तैयार हो रही थी। पांडे की हँसी छूट पड़ी।

"अरे नहीं, रागिनी जी। ये बात मैं आपके लिए थोड़े कह रहा हूँ। बुल्ला और ठुल्ला के लिए कह रहा हूँ।"

गुप्ता जी ने तेजी-से डैमेज कंट्रोल किया। रागिनी भुनभुना रही थी। पांडे का मूड चेंज हुआ। अब वो भी सिगरेट के कश के साथ गोवर्धन बाबा का किस्सा सुनने लगा।

"गोवर्धन बाबा के चैनल में कई अच्छे लोग आए। पढ़े-लिखे, समझदार, ईमानदार लेकिन उन्होंने चैनल में किसी अच्छे को आगे नहीं बढ़ने दिया। कुछ को बाहर निकाल दिया, कुछ को रखा, लेकिन उन्हें कभी ऊपर नहीं उठने दिए। अपने बाद रखा किसको? बुल्ला और ठुल्ला को। दोनों परले दर्जे के हरामी।"

"रागिनी जी, आप गौर कीजिएगा। ज्यादातर बॉस अपने साथ अपने से ज्यादा बेवकूफ और अपने से ज्यादा बड़े हरामी को रखते हैं। बेवकूफ को साथ रखने का फायदा ये होता है कि वो कभी उसकी कुर्सी के लिए खतरा नहीं बनता है। अपने से बड़े हरामी को साथ रखने का फायदा ये होता है कि तब बॉस कम हरामी दिखता है। बॉस खुद बुद्ध की भाव भंगिमा में रहता है, कमीनगी का सारा काम अपने हरामी चेले से करा लेता है।

"मौका मिलने पर जब यही कमीने चेले उनको साइड लाइन कर देते हैं तब उन्हें पत्रकारिता का धर्म याद आने लगता है। राग अलापने लगते हैं कि मीडिया पथभ्रष्ट हो गई, पत्रकारिता पत्तलकारिता हो गई। अबे कमीनो, बोओगे बबूल तो आम कहाँ से पाओगे? चुन-चुनकर हरामियों की फौज तुमने ही तो मीडिया में खड़ी की है।"

"क्या बात है, गुप्ता जी! कहाँ से लेकर चले, कहाँ पहुँच गए? सारे पुराने सम्पादकों की खटिया खड़ी कर दी आपने तो!"

"तो क्या करूँ, रागिनी जी? सबने अपने जमाने में बुल्ला-ठुल्ला जैसे लोगों को ही प्रमोट किया है।"

"और अब वो इस पांडे और त्यागी जैसे अपने से ज्यादा बड़े हरामियों को प्रमोट कर रहे हैं?" रागिनी खुले मौसम की तरह खिलखिला उठी, लेकिन गुप्ता जी की डैमेज कंट्रोलिंग क्षमता लाजवाब थी।

"अरे नहीं, रागिनी जी। अपने पांडे बाबा मूल तत्व में ऐसे नहीं हैं। अब मुकाबला ही ऐसा है तो फिर कोई क्या करेगा? पांडे बाबा टीआरपी लाकर नहीं देंगे तो फिर बुल्ला इनको दामाद बनाकर थोड़े रखेगा?"

"लीजिए, एक चाय और लीजिए। उस सम्पादक ने बाबा का मूड

ऑफ कर दिया है। उनको क्या पता जिस त्यागी से पांडे बाबा का मुकाबला है, वो कितना बड़ा वाला हरामी है?"

"त्यागी सर, वो बिल्डर तो एक से ऊपर जा ही नहीं रहा है।"

"क्या बात कर रहे हो। ठीक से हड़काया नहीं?"

"हड़काए थे सर, लेकिन वो कह रहा है कि एक दरार के लिए एक फ्लैट काफ़ी है।"

सिंघानिया बिल्डर्स का एक बड़ा प्रोजेक्ट चल रहा था ग्रेटर नोएडा में। बिल्डर घटिया सामान का इस्तेमाल कर रहा था। बिल्डिंग तैयार होने से पहले ही उसमें एक बड़ी दरार आ गई थी। त्यागी के रिपोर्टर को खबर मिली तो उसने चुपके-से जाकर दरार को कैमरे में कैद कर लिया। बिल्डर को दरार दिखाई गई। खबर फैल जाती तो बवाल मच सकता था। ग्राहक भाग जाते। खबर रुकवाने के लिए बिल्डर एक फ्लैट देने को तैयार हो गया था, लेकिन इधर से डिमांड तीन फ्लैट की थी।

"एक फ्लैश चलवा। सिंघानिया बिल्डर्स के प्रोजेक्ट में दरार? क्वेश्चन मार्क जरूर लगाना और उसके बाद उसे फोन लगा।"

क्वेश्चन मार्क (?) के जरिए खबरों से खेलने का गुर त्यागी ने एक सीनियर सम्पादक से सीखा था। वो सम्पादक अखबार से टीवी में आए थे और बड़े वाले धन्धेबाज थे। चुनावी मौसम में उनका धन्धा पूरे शबाब पर होता था। नेताओं से पैसे लेकर उनके विरोधियों का चरित्रहनन करते थे। जिस नेता पर निशाना साधते, उससे बाद में डील हो जाती थी तो फिर आरोप लगानेवाले नेता की लंका लगा देते थे, और ये सब कुछ बस एक प्रश्नवाचक चिह्न (?) के दम पर। फलाँ नेता पर लगे भ्रष्टाचार के आरोप में कितना दम? क्या लूट की बन्दरबाँट में शामिल थे फलाँ नेता? ऐसी ही हेडिंग लगाकर फर्जी खबर चला देते थे। उनका काम भी हो जाता था और

इस लॉजिक के साथ कायदे-कानून के दायरे से बाहर रहते थे कि मैंने तो बस सवाल उठाया है, कन्फर्म कहाँ किया है? अब उनसे कौन कहे कि क्या फलाँ शख्स चोर है? ये सवाल उठाने भर से भी वो शख्स शक के घेरे में आ जाता है।

त्यागी उनके हुनर को और आगे तक ले जा चुका था। अभी वही गुर वो अपने रिपोर्टर को सिखा रहा था।

"और सिंघानिया जी, क्या कर रहे हैं? जरा टीवी देखिए।"

"अरे! ये क्या कर रहे हैं? सिंघानिया बिल्डर्स के प्रोजेक्ट में दरार?" चन्द सैकेंड बाद ही सिंघानिया की आतंकित आवाज रिपोर्टर को सुनाई पड़ी।

"प्लीज, खबर रुकवाइए। किसी की नजर पड़ गई तो?"

"पड़ने दीजिए। आप परेशान क्यों है? दरार में सवालिया निशान लगवा दिया है। क्वेश्चन मार्क। ज्यादा परेशान मत होइए।"

"चलिए, न आपकी न मेरी। दो पर डन। अब खबर रुकवाइए।"

"दो पर डन! ए, दरार के आगे दोपहर दो बजे जोड़। सिंघानिया बिल्डर्स के प्रोजेक्ट में दरार, देखिए दो बजे। और क्वेशचन मार्क भी हटा। अब तो दरार की खबर पक्की। अच्छा सिंघानिया जी, नमस्कार। अब दो बजे चैनल देख लीजिएगा। प्रोजेक्ट की दरार भी ठीक से देख लीजिएगा। और उसके बाद कितने ग्राहक भागेंगे, इसका भी हिसाब जोड़ लीजिएगा।"

रिपोर्टर ने फोन काट दिया, लेकिन चंद सैकेंड बाद ही उसका फोन बज उठा। सिंघानिया का फोन था।

"क्या कहते हैं, सर?" रिपोर्टर ने त्यागी की तरफ देखा

"उठाओ फोन। अब वो तीन पर तैयार हो जाएगा।"

"वो तो उसके आवाज से ही लग रहा है। मैं ये कह रहा था कि सर एक फ्लैट पेनाल्टी के तौर पर और जोड़ दूँ?"

"नहीं, सोने की अंडा देनेवाली मुर्गी को एक बार में हलाल नहीं करना चाहिए। उठा लो फोन।"

रिपोर्टर ने फोन उठाया। उधर की आवाज सुनते ही उसका गला सूखने लगा। काँपते हाथों से उसने फोन त्यागी को पकड़ा दिया। बिल्डर ने रिपोर्टर की पिछली बातचीत को रिकॉर्ड कर लिया था।

"और बेटे, बताओ क्या करूँ? तुम्हारे इस फोन को तुम्हारे मालिक तक पहुँचा दूँ कि तुम चैनल के नाम पर मुझसे वसूली कर रहे थे?"

"पहुँचा दे मेरे पोते! जहाँ मन करे, वहाँ पहुँचा दे। इस तरह के पचास स्टिंग जेब में रखकर जलेबी खाता हूँ मैं। और सुन, अब तो इस हरकत के बाद तुझे पेनाल्टी के तौर पर एक और फ्लैट देना होगा। कल तक का मौका देता हूँ। डील क्लोज कर, नहीं तो परसों तुझे टीवी त्यागी का पॉवर दिखाता हूँ। तेरे प्रोजेक्ट के आगे ही तेरे सारे ग्राहकों का मजमा लगा दूँगा।"

फोन रखने के बाद त्यागी भुनभुना रहा था।

"साला, मालिक तक खबर पहुँचाने की धमकी दे रहा है! उसे पता नहीं हैं कि खरबूजा कटता है तो सब में बँटता है! यहाँ सबसे बड़ा हिस्सा तो ठुल्ला ही खाता है।"

"सर, 'हिन्दुस्तान न्यूज' वाले तो इसे लो कट चोली पहनाकर लोगों का भाग्य बताते थे, हम क्या पहनाकर बताएँ?"

पांडे त्यागी की एंकर को तोड़कर अपने चैनल में ले आया था। ऊँची कीमत लगाई उसने अपनी, लेकिन पांडे के पास कोई दूसरा चारा नहीं था। राशिफल वाले स्लॉट में वो लगातार लीड रही थी। पांडे बुल्ला को कनविंस करके उसे अपने यहाँ ले आया। आज उसका प्रोमो शूट होना था। उसी को लेकर प्रोड्यूसर पांडे के साथ गुफ्तगू कर रहा था।

"तू लो कट के साथ इसे बैकलेस कर दे। लोगों को आगे से भी भाग्य दिखा, पीछे से भी। दोनों तरफ से भाग्यफल और राशिफल देखने से पहले की तकदीर ज्यादा अच्छे से सँवर जाएगी।"

"वो कैसे मुमकिन है, सर? एक समय में तो बस एक ही साइड दिखाया जा सकता है।"

"तुझे प्रोडक्शन का जरा भी सेंस नहीं है। डबल कैम शूट कर। इसकी सीट के पीछे एक बड़ा मिरर लगा। जिसमें इसकी पीठ दिखेगी। एक कैमरे का फोकस फ्रंट पर रख। दूसरे कैमरे का फोकस मिरर मतलब उसकी पीठ पर रख ताकि पब्लिक दोनों साइड से भाग्य देख सके। वैरी सिंपल।"

"वाकई सर, क्या आइडिया निकाला है आपने! लेकिन सर, लोगों का राशिफल? भाग्यफल?"

"अब उसमें क्या प्रॉब्लम आ गया?"

"सर, मेरे कहने का मतलब था कि राशिफल, भाग्यफल की भविष्यवाणी तो रिकॉर्डेड है। वो तो हम लोगों ने पहले से पंडित जी से बुलवाकर रखा है।"

पांडे को ये बात पहले से पता थी, लेकिन नई एंकर लाने के चक्कर में वो इस कदर उलझ गया था कि ये बात उसके दिमाग से फिसल गई थी।

"हाँ यार, तूने तो लोगों के भविष्य को भूतकाल में ही तय कर दिया है। भगवान भी कर्म देखकर कुछ फेरबदल कर देते हैं, लेकिन तुम तो सबका..."

"और वो भी पुरानी एंकर के साथ। अब इस नई एंकर के साथ..."

"ऐसा कर, उस राशिफल बतानेवाले बाबा को बुला। इस नई एंकर के साथ सब कुछ शूट कर।"

"सर, वो बाबा तो 6 महीने की एडवांस रिकॉर्डिंग करके यूरोप और अमेरिका की टूर पर निकल गया है।"

"ये बाबा खूब यूरोप टुअर करता है। चैनल को बस बीस लाख दे रहा है और वहाँ करोड़ों में खेल रहा हैं। चेहरा चमकाएँ हम, माल कमाए वो। बोल दे, अब ये नहीं चलेगा। अब पुराने रेट से काम नहीं चलेगा। कम-से-कम पाँच लाख और बढ़ाए। महँगी आइटम लाए हैं उसका भाग्यफल बेचने के लिए।"

"ठीक है सर, लेकिन अभी क्या करें?" प्रोड्यूसर शो को लेकर उलझा हुआ था। पांडे ने उसकी समस्या का भी निदान ढूँढ़ निकाला।

"शो तो क्रोमा पर शूट है। पीछे का बैकग्राउंड, एंकर—सब चेंज किया जा सकता है। पुरानी एंकर को हटाकर इस नई को लगा दे। पुरानी एंकर जो कुछ बोली है, इससे बुलवा ले। वो बाबा कभी किसी एंकर का नाम नहीं लेता है। बस, लोगों का भाग्य बाँचता है। बरसों से इसी धन्धे में है। सारी ट्रिक्स पता हैं उसे। और थोड़ा-बहुत ऊपर-नीचे हो तो उसकी चिन्ता मत करना। असल भाग्यलक्ष्मी आ चुकी है अपने पाले में। अब देख, त्यागी का भाग्य कैसे बिगाड़ता हूँ मैं?"

"पांडे, पांडे! तुझे पापी बना दिया त्यागी ने।"

"क्या बकवास कर रही हो?"

रागिनी की तेज आवाज सुनकर पांडे बिस्तर से उठकर बैठ गया। रात में रागिनी के ही घर रुक गया था। देर रात तक पार्टी चली थी। सुबह रागिनी की तेज आवाज से उसकी नींद टूटी। 'हिन्दुस्तान न्यूज' पर नजर जाते ही पांडे की साँसें थम गईं। वहाँ ऊपर टॉप में तेजी से पट्टी बदल रही थी—

'पापी पांडे' पर धर्मसंसद में फैसला,
'हिन्दुस्तान न्यूज' पर सुबह 8 बजे से लगातार LIVE

मीडिया के सबसे बड़े पापी पर फैसला,
'हिन्दुस्तान न्यूज' पर सुबह 8 बजे से लगातार LIVE

टीवी स्क्रीन पर पूरा मजमा लगा हुआ था। कई साधुओं और धर्माचार्यों को त्यागी ने शो में बुला रखा था। एक बाबा को सिंहासन जैसी कुर्सी पर बिठा दिया था। उन सबके बीच उसका एंकर चीख-चिल्ला रहा था—

"देशवासियो! मीडिया के सबसे बड़े पापी पर मुकदमा शुरू करने से पहले हम आपको उसका जुर्म दिखाते हैं। इस 'पापी पांडे' ने जो जुर्म किया है, उसे सुनकर आप सिहर उठेंगे। कहेंगे कि इससे बड़ा पापी आज तक न पैदा हुआ है, न होगा। लेकिन नहीं, उस पापी पांडे के जुर्म पर फैसला सुनाने का काम हमारी सम्मानित संसद करेगी। महाराज करेंगे जो इस धर्मसंसद की अध्यक्षता कर रहे हैं। गुरुदेव, मुकदमा शुरू करने की इजाजत्त मिले।"

"इजाजत है।"

एंकर वकील के रोल में था, महाराज जज की भूमिका में। इजाजत मिलते ही एंकर ने अपनी पोजिशन को चेंज किया।

"तो दोस्तो, पापी पांडे पर आरोप है कि इसने लोगों की धार्मिक भावनाओं के साथ खिलवाड़ किया है। आप पूछेंगे कि कैसे? आपके इस सवाल का जवाब देने से पहले मैं अपने धर्मगुरुओं से चन्द जानकारी चाहूँगा। सर, इजाजत है?"

एंकर ने बड़े महाराज की तरफ शीश नवाया। वो अपना रोल बखूबी निभा रहे थे—

"इजाजत है।"

"महाराज, आप बताएँ कि क्या ये मुमकिन है कि कोई एक सप्ताह बाद का दैनिक राशिफल, भाग्यफल आज बता दे?"

"नहीं। अगर ऐसा होता तो फिर उसमें दैनिक क्यों जोड़ा जाता? दैनिक राशिफल या भाग्यफल की गणना तो उस खास दिन में ग्रह, नक्षत्र की दशा-दिशा देखकर की जाती है।"

"बिलकुल सही कहा आपने लेकिन देखिए, ये 'पापी पांडे' क्या करता है? इसका फ्रॉड गुरु क्या करता है? कल की छोड़िए, वो तो छह महीने बाद का राशिफल आज ही बता देता है।"

"आपके पास इसका कोई सबूत है?" धर्मसंसद की अध्यक्षता कर रहे गुरुदेव की गम्भीर आवाज गूँजी।

"बिलकुल है, महाराज। ये देखिए, ये है 'भारत टीवी' का राशिफल जो अब से थोड़ी देर पहले उस चैनल पर दिखाया गया है। इस शो में जो एंकर दिख रही है, उसने कल ही वहाँ पर ज्वाइन किया है। अब राशिफल बतानेवाले बाबा का ये वीडियो देखिए। तारीख देखिए। छह महीने पहले की तारीख है इस वीडियो पर। और अब गौर से सुनिए, छह महीने पहले के इस वीडियो में बाबा क्या बोल रहा है? ठीक वही बात जो ये आज 'भारत टीवी' पर अभी बोलकर हटा है।"

"त्यागी के पास हमारा रिकॉर्डेड वीडियो कैसे पहुँच गया?" पांडे तेजी से फोन उठाते हुए बुदबुदाया। उसने अपने शो प्रोड्यूसर को फोन किया, लेकिन उसने फोन नहीं उठाया। उधर 'हिन्दुस्तान न्यूज' का एंकर मुकदमा आगे बढ़ा रहा था—

"हमारे पास एक और सबूत है जिससे साफ हो रहा है कि फर्जी बाबा ने आज का राशिफल 6 महीने पहले बताया था। ये वीजा डिटेल देखिए। इस वीजा के मुताबिक राशिफल बतानेवाला वो फर्जी बाबा पिछले छह महीने से यूरोप-अमेरिका के टुअर पर है। अब मैं ये धर्मसंसद पर छोड़ता हूँ कि ऐसा अधर्म करनेवाले, लोगों की धार्मिक भावनाओं पर चोट पहुँचानेवाले, लोगों की आस्था से खेलनेवाले 'पापी पांडे' को धर्मसंसद क्या सजा सुनाती है?"

"पांडे, रियली तुमने आज का राशिफल छह महीने पहले रिकॉर्ड करा लिया था?" एंकर की बात खत्म होते ही रागिनी पांडे की तरफ मुड़ी।

"तो क्या तेरा चैनल रोज लाइव दिखाता है? वो आइटम एंकर, जिसे अब मैं अपने यहाँ ले आया हूँ, वो तेरे चैनल के गुरु महाराज को रोज रात में अपने ऑफिस में थपकी दिलाकर सुलाती थी जो वो सुबह-सुबह उठकर LIVE राशिफल बताने लगते थे? बात करती है! और ये मेरा प्रोड्यूसर फोन क्यों नहीं उठा रहा है?"

पांडे पागलों की तरह अपने शो प्रोड्यूसर को फोन कर रहा था। उसे समझ नहीं आ रहा था कि रिकॉर्डिंग वाला वीडियो त्यागी के पास कैसे

पहुँच गया? इस बार उसके प्रोड्यूसर ने एक ही रिंग पर फोन उठा लिया, लेकिन आवाज उसकी नहीं थी, त्यागी की थी।

"और 'पापी पांडे', कैसा लगा हमारा शो!"

"त्यागी तुम!"

"हिसाब बराबर कर दिया, पांडे। तुमे हमें धर्म विरोधी बताया, हमने तुम्हें पापी बना दिया। तुम हमारी आइटम को ले गए, हम तुम्हारे लौंडे को ले आए। तुम्हारी तरह डबल सैलरी देकर। बस एक छोटी-सी एक्स्ट्रा शर्त लगा दी थी, रिकॉर्डेड वीडियो लाने की शर्त।"

"अब तक का सबसे बड़ा चमत्कार, रात 9 बजे"

"खबर आपको पानी-पानी कर देगी, रात 9 बजे"

"इस खबर में आग है, रात 9 बजे"

"भगवान से मिलिए, रात 9 बजे"

"विषपरी से बचके, रात 9 बजे"

पांडे की नजर केबिन में टँगे टीवी सेट पर थी। 'हिन्दुस्तान न्यूज' ने रात 9 बजे का प्रोमो 7 बजे ही उतार दिया था। पांडे प्रोमो को गौर से देख रहा था।

"सर, एक सप्ताह की छुट्टी चाहिए।" 9 बजे का प्रोड्यूसर पांडे के केबिन में पहुँचा था।

"अभी छुट्टी का नाम भी मत लो। टीआरपी गिरी हुई है और लग रहा है कि इस वीक की टीआरपी भी गई। देख रहे हो त्यागी का प्रोमो? पता नहीं 9 बजे क्या खेल करने जा रहा है? भगवान से मिलवा रहा है, विषपरी से बचा रहा है। खबर में आग लगा रहा है। बारिश भी करा रहा है। पता नहीं, आज क्या-क्या कांड करने जा रहा है त्यागी?"

"सर, वो तो दो मिनट में पता चल जाएगा।"

"क्या बात कर रहे हो? 'हिन्दुस्तान न्यूज' वाले बता देंगे? क्या वाकई

तुम पता कर लोगे?" पांडे प्रोड्यूसर की इस नई प्रतिभा से अनजान था।

"हाँ, सर। बिलीव मी, लेकिन सर उसके बाद मेरी छुट्टी पक्की?"

"पक्की। लेकिन पहले खबर पता करो।"

"अभी लीजिए, सर। खबर छोड़िए, कहिए तो पूरे रन डाउन की कॉपी हाजिर कर देता हूँ।"

प्रोड्यूसर तेजी-से मोबाइल में नम्बर डॉयल करने लगा।

"हाँ जी, क्या हाल है? सब बढ़िया? रात 9 बजे क्या चला रहे हो? अच्छा। और वो विषपरी? समझ गया। और वो खबर पानी-पानी? अरे, गजब! हाँ, सब ठीक है। चलो बाय। बाद में आराम से बात करते हैं।"

फोन पर मुश्किल से दो-तीन मिनट बात करने के बाद प्रोड्यूसर पांडे की तरफ मुड़ा।

"ये लीजिए सर, भगवान से मुलाकात वाला प्रोमो विराट कोहली के बारे में। उसको 'क्रिकेट का भगवान' कहा है रवि शास्त्री ने। उसी में से क्रिकेट का उड़ा दिये हैं। केवल भगवान लिखकर पब्लिक को बेवकूफ बना रहे हैं।"

"और विषपरी?"

"कनाडा की कोई कन्या है, सर। उसको लपेटे में लेते वक्त उसका ब्वॉयफ्रेंड निपट गया। बस, इसी बात पर उसको विषपरी बना दिया है। एपीटीएन पर खबर पड़ी हुई है।"

"जल्दी से इस खबर को बनवाओ। और पानी-पानी कर देगी वाला प्रोमो?"

"वो सर, बाराबंकी में एक आदमी बकरी के साथ उल्टा-पुल्टा..."

"क्या बात कर रहे हो?"

"हाँ सर, खबर अपने पास भी है।"

"खबर टान दो।" पांडे पागलों की तरह चिल्लाया। रात 9 की जगह 8 पर ही उतार दो। उनसे एक घंटे की लीड ले लो। जल्दी से प्रोमो उतारो—

"कलियुग का अवतार,

बकरासुर, रात 8 बजे"

"बकरासुर!"

"हाँ, जब आदमी ने बकरी के साथ कुछ किया है तो फिर वो प्रेग्नेंट भी तो हो सकती है। इसी एंगिल से पैकेज बनाओ। सवाल उठाओ कि अगर वो प्रेग्नेंट हुई तो बच्चा कैसा होगा? आधा बकरी, आधा इनसान। बकरासुर।"

"जी सर...लेकिन वो छुट्टी?"

"ले लेना। 6 की जगह 7 दिन की ले लेना। अभी 8 बजे पर लग जाओ। एसाइनमेंट को गेस्ट के लिए बोल देना। एक सेक्स एक्सपर्ट बुलाओ। उससे पूछना कि इससे इनसान और बकरी की सेहत पर क्या असर पड़ेगा? एड्स के एंगल से सवाल पूछना। लीगल एक्सपर्ट से पूछना कि इस मुद्दे पर कानून का क्या कहना है?"

"जी, सर"

"किसी स्मार्ट-सी नौजवान महिला सामाजिक कार्यकर्ता को बुलाओ। पिछली बार की तरह किसी बुढ़िया को मत पकड़ लाना। उससे पूछना कि क्या ये महिलाओं के अधिकार पर डाका नहीं हैं? और सुनो, मार्केटिंग वाले मेहता से बात करके बाबा का वीर्य बढ़ानेवाला विज्ञापन पूरे शो में दिखाओ। ग्राफिक्स वालों से एक परदा बनवा लो। डिबेट के बीच-बीच में फुल स्क्रीन पर बाबा की वीर्यवर्धक बूटी दिखाओ, लेकिन पहले मेहता से बात कर लो। उसे भी बाबा एंड कम्पनी से अलग से डील करनी होगी।"

"ओके, सर।"

"मेहता से अपने लिए भी बूटी की एक शीशी ले लेना। छुट्टी पर जा रहा है तो जरूरत पड़ेगी।"

पांडे रिलैक्स हो चुका था। निश्चिन्त था कि अब वो त्यागी से लीड ले लेगा।

"सर, आप भी...!"

"और इससे भी ज्यादा परेशानी होगी तो भी परेशान मत होना। इस शो के बाद मेहता गुप्त रोगों के इतने विज्ञापन ले आएगा कि हम चला नहीं पाएँगे।" बॉस को खुश देखकर प्रोड्यूसर भी खुश था। बॉस खुश, मतलब छुट्टी में कोई अड़ंगा नहीं।

"अरे हाँ, ये बताओ कि ये 'हिन्दुस्तान न्यूज' में तुम्हारी कैसी सेटिंग है जो उन्होंने इतनी आसानी से पूरी खबर बता दी?"

"अब सर, छुट्टी की जरूरत तो उन्हें भी होती है। कभी हम उनके काम आ जाते हैं, कभी वो हमारे।" बेखयाली में प्रोड्यूसर के मुँह से निकल गया। पांडे के मुँह से एक मोटी गाली निकली। एक घंटे बाद त्यागी भी अपने 'बकरी प्रोड्यूसर' को धाराप्रवाह गाली दे रहा था। हालाँकि शुरू में वो उससे बेहद खुश था।

"अरे ये क्या! बकरी कपड़े से क्यों ढकी है? इसका तो चेहरा भी नहीं दिख रहा है।"

त्यागी ने रात 9 बजे के शो में रेप पीड़ित बकरी को स्टूडियो में बिठाने का फैसला किया था। 'हैवान इनसान की कहानी, बेजुबान बकरी की जुबानी!' इसी लाइन से त्यागी खबर बेचने की फिराक में था।

"सर, बकरी रेप पीड़ित है। इंडियन लॉ के मुताबिक, किसी रेप पीड़िता का चेहरा नहीं दिखाया जा सकता। इसीलिए मैंने इसके पूरे बॉडी को कवर कर दिया है।"

"गुड जॉब!" त्यागी प्रोड्यूसर की कानून की समझ से प्रभावित हुआ, "लेकिन इसे साँस लेने में दिक्कत तो नहीं होगी?"

"नहीं सर, नाक के सामने एक स्पेस छोड़ दिया है। पब्लिक को बकरी की आँख भी दिखाने का भी इन्तजाम किया है।"

"आँख! वो क्यों?"

"सर, आँख में पानी डालकर आँसू निकाल दूँगा। मामला थोड़ा जज्बाती हो जाएगा। और इसकी ड्रेस देखिए, सर। एकदम झक सफेद! दुख का कलर।"

"वो तो ठीक है, लेकिन एक बात बता। तूने इतनी जल्दी बाराबंकी से बकरी कैसे मँगा ली?"

"वो सर, यहीं नोएडा के मार्केट से खरीद ली। किसी को क्या पता चलेगा कि ये बाराबंकी वाली बकरी है या नहीं? वैसे भी बकरी तो आगे से पीछे तक ढकी हुई है।"

"अरे वाह! तू तो काफी समझदार है। पढ़ा-लिखा होने के बावजूद समझदार है! गजब! काफी आगे जाएगा।"

प्रोड्यूसर त्यागी से ज्यादा पढ़ा-लिखा था। त्यागी इस बात से शुरू में बहुत परेशान रहता था, लेकिन चाहकर भी उसका कुछ बिगाड़ नहीं पाया। एक इनकम टैक्स कमिश्नर की सिफारिश पर लड़का चैनल में आया था। हालाँकि बाद मे उसे अपने रंग-ढंग में ढलते देखकर त्यागी रिलैक्स हो गया। प्रोड्यूसर की तारीफ करने के बाद वो एंकर को जरूरी दिशा-निर्देश देने लगा

"देखो, बकरी से बड़े प्यार से सवाल पूछना, ठीक उसी तरह जिस तरह अपनी फेवरिट पार्टी के गेस्ट से पूछते हो। बाकी दल के गेस्टों के साथ जैसे करते हो, उस अन्दाज में मत चीखने-चिल्लाने लग जाना इस पर। और खबरदार, जो टेबल पर मुक्का पटका, गिलास उठाया या पागलों की तरह हरकत की। अभी इसको सदमे में दिखाना है। बहुत प्यार से और सलीके से सवाल करना।

"ये जवाब तो दे नहीं पाएगी। बस, सिर हिलाएगी, पूँछ उठाएगी, बीच-बीच में 'में...में' भी कर सकती है। तुम बकरी की इन शारीरिक हरकतों की सप्रसंग व्याख्या करना। रेप वाले वाकये से जोड़ना। इसके दर्द को अच्छी तरह उभारो। इसके जख्म को बढ़िया से कुरेदो ताकि देश इसके दुख का ढंग से दीदार कर सके। नेशन वांट्स टू नो बकरीज दर्द।"

एंकर ने वही किया जो त्यागी ने समझाया था बल्कि त्यागी की उम्मीद से ज्यादा बढ़िया किया। बकरी की बॉडी लैंग्वेज को शानदार तरीके से पेश किया। बढ़िया माहौल बन गया था। बकरी की आँखों से टपकते आँसू, उसके जज्बात को जुबाँ देता एंकर! बकरी बुलेटिन बिलकुल सही दिशा में जा रहा था, लेकिन आखिर में किसी और ने नहीं, उस बकरी ने ही बुलेटिन की दशा-दिशा बिगाड़कर रख दिया।

"अबे, ये क्या! बकरा? ये तो बकरा है।"

बकरा शरीर पर लदे कपड़ों की वजह से बहुत देर से परेशान था। पहला मौका मिलते ही उसने कपड़े को उतार फेंका और अपने प्राकृतिक रूप में आ गया। तब देश को पता चला कि जिस बकरी की दर्दभरी दास्ताँ उन्हें सुनाई जा रही थी, वो बकरी नहीं बकरा है।

"अबे साले, ये क्या किया तूने? बकरी की जगह बकरा उठा लाया!"

"सर, मैंने सोचा कि कपड़े से ढकी बकरी या बकरा में पब्लिक क्या फर्क कर पायेगी?"

"बात तो ठीक है तेरी, लेकिन बकरी लाने में क्या दिक्कत थी?"

"बकरी के पैसे देने पड़ रहे थे, सर। बकरा फ्री में मिल गया। बकरा मालिक को मैंने झाँसा दिया कि टीवी पर तुम्हारे बकरे को दिखाकर उसे सुपरस्टार बना दूँगा। सॉरी, सर।"

"सर के बच्चे! उसको बकरा बनाने के चक्कर में तूने हम सबको बकरा बना दिया! पूरे चैनल को बकरा बना दिया! साला, बोतू! बोतू की औलाद!"

"सर, इस बार गैंगरेप की खबर है।"

असाइनमेंट वाला लड़का पहुँचा था पांडे के केबिन में। जोश में भरा हुआ। 'रेप की खबर को सर ने खारिज कर दिया था, इस बार तो गैंगरेप

है! अब इसे कैसे खारिज करेंगे?' बालक भरपूर उत्साहित था। पांडे उस वक्त बहुत टेंशन में था। धर्मसंसद के बाद त्यागी ने कुछ नेताओं के जरिए इस मामले को संसद और विधानसभा में उठवा दिया था। एक वकील से त्यागी ने 'भारत टीवी' के खिलाफ मुकदमा भी दर्ज करा दिया था। एक धर्मगुरु जो त्यागी के चैनल का पेड गेस्ट था, उसने अपने चेले-चपाटों के साथ धरना-प्रदर्शन शुरू कर दिया। पांडे इन्हीं सब बातों को लेकर बहुत टेंशन में था। केबिन में अकेले बैठा वो डैमेज कंट्रोल की प्लानिंग कर रहा था। उसी समय असाइनमेंट वाला लड़का उसके पास गैंगरेप की खबर लेकर पहुँच गया था।

"सर, चाय।"

असाइनमेंट वाले लड़के के पीछे चाय वाला लड़का भी पहुँच गया। चाय लेकर पांडे ने भावशून्य आँखों से असाइनमेंट वाले लड़के की तरफ देखा।

"सर, कोई एंगिल तो नहीं है, लेकिन इस बार तो सर गैंगरेप हुआ है। चार लोगों ने लड़की के साथ..."

पांडे वाकई बहुत टेंशन में था। अपने गुस्से को कड़वी चाय के साथ निगलने लगा। पिछली बार की तरह इस बार भी मामला सँभाला चाय वाले लड़के ने।

"खबर में कोई एंगिल नहीं है। फटाफट चलवा दो। सर को उस आइटम की खबर बताओ। अरे, वही 'तुम जैसा कोई नहीं' सीरियल की एक्ट्रेस वाली। उसने अपने प्रोड्यूसर पर छेड़खानी का आरोप लगाया है। अभी परसों ही तो डांस वीडियो रिलीज हुआ है उसका। उसी को हिट कराने के लिए उसने ये नया ड्रामा किया है, लेकिन तुम ये बात लिख मत देना। एक विंडो में रेप का आरोप दिखाना, दूसरे विंडो में उसका डांस। शो हिट रहेगा।"

"लेकिन उसने तो कहा है कि छेड़खानी का मामला मीडिया का उठाया हुआ है। उनके बीच पेमेंट को लेकर कुछ आपसी विवाद था, जिसे

उन लोगों ने सॉल्व कर लिया है।"

"ये तो और अच्छी बात है। रिपोर्टर को खड़ा कर देना और उससे सवाल करना कि आखिर किस दबाव में वो छेड़खानी के आरोप से हट रही है?"

"ओके, सर।"

असाइनमेंट वाला लड़का पांडे की प्रतिक्रिया के इन्तजार में थोड़ी देर रुका रहा, लेकिन पांडे पहले की तरह खामोशी से चाय पीते हुए 'हिन्दुस्तान न्यूज' देखता रहा। अचानक 'हिन्दुस्तान न्यूज' की ब्रेकिंग देखते ही वो चौंक उठा—

'बलरामपुर में गैंगरेप!'

'बलरामपुर की बेटी से सामूहिक बलात्कार!'

"ये कौन-सी खबर है?" बिजली की तेजी-से पांडे असाइनमेंट वाले लड़के की तरफ मुड़ा।

"सर, यही तो मैं बता रहा था।"

"लेकिन ये 'हिन्दुस्तान न्यूज' इस खबर पर क्यों गया?"

"अब मुझे क्या पता सर?" लड़का रुआँसा हो उठा।

"जरूर इसमें कोई एंगिल है।"

पांडे चाय का कप लिए दौड़ता हुआ न्यूज रूम में पहुँचा। पीछे-पीछे दोनों लड़के। चायवाला अपना कप लेने के लिए, असाइनमेंट वाला खबर का एंगल जानने के लिए। पांडे के न्यूज रूम पहुँचने से पहले 'हिन्दुस्तान न्यूज' पर नई ब्रेकिंग आ चुकी थी।

'बलरामपुर उपचुनाव से पहले गैंगरेप की वारदात!'

उस लाइन को देखते ही पांडे के सामने गैंगरेप की पूरी पिक्चर क्लियर हो गई। बलरामपुर में अगले महीने उपचुनाव था। मुख्य मुकाबला 'पार्टी ए'

और 'पार्टी बी' के बीच था।

"ऐ, अपना बुलेटिन तोड़ो। जल्दी से गैंगरेप पर जाओ। तुम फटाफट गैंगरेप ब्रेकिंग लिखो।"

पांडे जल्दी-जल्दी सबको आदेश देने लगा। सब उसके आदेश के पालन में लग गए। "और तुम जाकर क्राइम रिपोर्टर प्रदीप को बोलो। वो बलरामपुर से लाइव देगा।"

असाइनमेंट वाला लड़के के सिर के ऊपर से पांडे का आदेश गुजर गया। भौंचक्का होकर वो पांडे का मुँह देखने लगा।

"सर, बलरामपुर तो अपने ऑफिस से काफी दूर है। क्राइम रिपोर्टर प्रदीप तो यहाँ ऑफिस में..."

इस बार पांडे अपने गुस्से को बिना चाय के ही निगल गया, लेकिन उसने जिस नजर से लड़के को देखा, वो अगर सतयुग का मामला होता तो लड़का जरूर भस्म हो गया होता। चाय वाले ने फिर पांडे की तरफ से मोर्चा सँभाला।

"अरे, क्राइम रिपोर्टर को बोलो जल्दी से ओबी वैन लेकर यहीं ऑफिस के सामने यमुना किनारे की तरफ निकल जाए। खेत से लाइव दे दे। बोल दे कि मैं बलरामपुर में हूँ। पूरे देश के खेत-खलिहान एक ही जैसे हैं। वहाँ यमुना किनारे झुग्गी झोपड़ी भी है। गाँव जैसा माहौल है। वैरी सिंपल। जाओ, भागकर जाओ। लाइए सर, कप दीजिए।"

पांडे ने उसे कप नहीं दिया। बाहर निकल रहे असाइनमेंट वाले लड़के को अपने करीब बुलाया और चैनल में एक नए फेर-बदल का ऐलान कर दिया।

"ये कप लो। जाओ जाकर चाय बनाओ और तुम जाकर क्राइम रिपोर्टर को ब्रीफ करो।"

"ओके, सर। अभी करता हूँ।" चाय वाला लड़का तेजी-से असाइनमेंट वाले लड़के की तरफ मुड़ा। "सुनो, ये प्लेट भी लेते जाओ।"

"अरे, गजब सर! क्या मस्त आइडिया है आपका? फिर तो बलरामपुर गैंगरेप हमारे नाम ही लिखा जाएगा।"

"बिलकुल लिखा जाएगा, रागिनी।"

दो दिन तक बलरामपुर गैंगरेप केस को लेकर कुछ खास नहीं हुआ। दोनों चैनलों के क्राइम रिपोर्टर वहाँ पहुँच चुके थे। अब वो वाकई बलरामपुर से ही लाइव दे रहे थे, यमुना किनारे के किसी गाँव से नहीं। पीड़ित और आरोपी, दोनों पक्षों से उन्होंने बात कर ली थी। पुलिस का भी पक्ष सबके सामने रख दिया था। अपनी तरफ से उन्होंने माहौल बना दिया था, अब बारी महारथियों के मैदान में उतरने की थी। 'हिन्दुस्तान न्यूज' ने अपनी तरफ से स्टार एंकर रागिनी को पिच पर उतारने का फैसला किया।

"वहाँ तुम्हें बिलकुल एक शब्द नहीं बोलना है, रागिनी। तुम खामोश रहकर जो आग लगाओगी, दूसरे लोग चीख-चिल्लाकर नहीं लगा पाएँगे। पता है न, मौन में बहुत शक्ति होती है। मैं इस बार वही शक्ति देश को दिखाना चाहता हूँ।"

"क्या बात है, सर! टीवी इतिहास का सबसे अनोखा प्रयोग! बिना बोले रिपोर्टिंग?"

"और नहीं तो क्या? अरे, अगर बुलवाना ही होता तो फिर यहाँ दिल्ली से अपनी स्टार फीमेल एंकर को क्यों भेजता? बस जितना समझाया है, उतना अच्छे-से करना।"

"एकदम करूँगी सर, आप बिलकुल चिन्ता मत कीजिए। आज तक कभी आपको निराश किया है?"

"खबर के मामले में तो नहीं किया है, लेकिन एक मामले में जरूर निराश किया है रागिनी।"

त्यागी की आवाज लरज उठी। सुर ही नहीं, उसकी भाव-भंगिमा भी बदलने लगी। दरअसल, बहुत दिनों से रागिनी पर उसकी नजर थी, लेकिन रागिनी उसे ज्यादा भाव नहीं देती थी। एक बार प्रेशर पॉलिटिक्स की पॉलिसी पर चलते हुए त्यागी ने उसे शो से किनारा करने की कोशिश की, लेकिन

रागिनी सीधे ठुल्ला से फरमान ले आई। उस वाकये के बाद त्यागी ने रागिनी पर चांस लेना बन्द कर दिया, लेकिन अब जब रागिनी ने खुद आगे बढ़कर उसकी मक्खन-मालिश की तो वो फिर मचल उठा।

"किस मामले में, सर?"

"सब समझ रही हो तुम, रागिनी। अब हर बात कही नहीं जाती है।"

नजरें कई तरह की होती हैं। कामुक नजरें उसकी एक खास कैटेगरी है। त्यागी ने अभी उसी नजरों से रागिनी को देखा था। रागिनी उस नजर का मतलब खूब समझती थी। दिलकश अन्दाज में मुस्करा उठी। त्यागी की नई नजर के जवाब में उसने उसे नया सम्बोधन दे दिया। 'आप' से 'तुम' पर ले आई।

"अब त्यागी, क्या कहूँ? उस मामले में भी तुझे निराश नहीं करती, लेकिन फिर मजबूरी में पीछे हट जाती हूँ।"

रागिनी ने जिस अन्दाज में त्यागी को 'आप' से 'तुम' पर उतारा था, वो गद्गद हो उठा। किसी ठरकचन्द ने उसे ज्ञान दिया था कि लड़की जब 'आप' से 'तुम' और 'तुम' से 'तू' पर उतर आए तो समझो मामला सही ट्रैक पर जा रहा है। त्यागी की उम्मीद जग गई, लेकिन रागिनी की मजबूरी! त्यागी की भुजाएँ फड़क उठीं। रागिनी को गले लगाने के लिए नहीं, फिलहाल उसकी मजबूरी का निदान करने के लिए।

"कैसी मजबूरी, रागिनी? मेरे रहते तुम्हें कैसी मजबूरी? बताओ, क्या प्रॉब्लम है?"

त्यागी दो कदम आगे बढ़ा। जवाब में रागिनी पहले से ज्यादा दिलकश अन्दाज में मुस्करा उठी।

"वैसी कोई परेशानी नहीं है, त्यागी। एक दूसरी तरह की परेशानी है।"

"क्या? बताओ तो। अभी चुटकियों में तुम्हारी प्रॉब्लम सॉल्व करता हूँ।"

"पांडे बता रहा था कि तुम 'सम्पादकी शौक' पाल बैठे हो। अरे,

सम्पादक बन जाते तब ये शौक पालते। भरी जवानी में ये बुढ़ापे का शौक क्या पाल बैठे, त्यागी?"

"तो पांडे बाबा, ये त्यागी के 'सम्पादकी शौक' का किस्सा बड़ा मजेदार है। बेचारा शराफत में शौक पाल बैठा!"

रागिनी को ये किस्सा पांडे ने सुनाया था और पांडे को गुप्ता जी ने। उस रोज रागिनी उसके साथ नहीं थी। पांडे अकेले ही चाय पीने पहुँचा था। वहाँ त्यागी की कोई बात छिड़ गई तो गुप्ता जी ने अपने पिटारे से एक नया किस्सा निकाल लिया।

"अब आप त्यागी को तो देख ही रहे हैं, पांडे बाबा। मीडिया में इतने साल गुजारने के बाद भी हट्टा-कट्टा है। मीडिया में आने से पहले तो पूरा पहलवान था, पहलवान। अखाड़े से निकला है ये। इसका उस्ताद मेरठ का बहुत बड़ेवाला अखाड़ेबाज था। जरूरतमंदों की सेवा के लिए तत्पर रहता था। चुनाव के समय नेता जी की जरूरत हो या प्रॉपर्टी के लफड़े में फँसे बिल्डर को जरूरत हो, गाँव में जमीन-जायदाद का लफड़ा हो या फिर स्टूडेंट्स यूनियन का चुनाव—वो हर किसी की मदद के लिए तैयार रहता था। रेट भी वाजिब रखता था। सर्विस फर्स्ट क्लास। सो, हर तरफ उसकी बहुत डिमांड थी। उसके अखाड़े के पहलवान दूर-दूर तक जाकर लोगों की अपनी सेवा मुहैया कराते थे।

"तो हुआ ये कि एक बार यहीं फिल्मसिटी के सम्पादक की एक दूसरे सम्पादक से ठन गई। एक सम्पादक को जब ये लगा कि वो दूसरे के सामने नहीं टिक पाएँगे तब उन्होंने त्यागी के उस्ताद को याद किया। उस्ताद ने उन्हें निराश नहीं किया। त्यागी को उनके साथ कर दिया, इस हिदायत के साथ कि सम्पादक जी को किसी तरह की शिकायत नहीं होनी चाहिए।"

"पांडे बाबा, चाय लीजिए। चीनी कम डाली है। आप भी शिकायत मत कीजिएगा।"

"तो बाबा, त्यागी अपने उस्ताद का पक्का शार्गिद। उनकी हर बात गाँठ बाँधकर रखनेवाला। उसने वाकई सम्पादक महोदय को किसी तरह की शिकायत का मौका नहीं दिया। उस समय ज्यादा उम्र नहीं थी उसकी, लेकिन अखाड़े के दूसरे लड़कों का सफल नेतृत्व करते हुए उसने विरोधियों को धूल चटा दी।

"सम्पादक महोदय उसके पराक्रम से बहुत प्रभावित हुए। वैसे भी उस दूसरे सम्पादक की तरफ से खतरा अभी टला नहीं था। ऐसे में उन्हें त्यागी सम्भावनाओं से भरा बालक दिखा। कुछ दिनों तक उसे बॉडीगार्ड के तौर पर रखा। उसके बाद अपने चैनल में ले आए।

"वहाँ न्यूज रूम के नमूनों को देखकर त्यागी दंग रह गया। सिगरेट फूँक- फूँककर सब खुद सिगरेट बन चुके थे, लेकिन सामनेवाले को धुएँ की तरह उड़ाने की धमकी देते थे। जो गाली-गलौज वो करते थे, उसे तो त्यागी के अखाड़े में सम्मानजनक अभिवादन के तौर पर बोला-सुना जाता था। त्यागी का मन धीरे-धीरे वहाँ रमने लगा। दूसरे लोग पाव-छटाँक का डोज देते थे, त्यागी किलो दो किलो के हिसाब से डोज देने लगा।

"'मीडिया में सामनेवाले की @#$%^ कर रखो तो वो तुम्हें अपना बाप मानेगा। इज्जत दोगे तो वो सिर पर सवार होकर सू-सू करने लगेगा'— यह गुरुज्ञान एक वरिष्ठ पत्रकार ने त्यागी को दिया था। त्यागी ने गुरुज्ञान को शिरोधार्य किया और पहला मौका मिलते ही गुरु दक्षिणा चुका दी। गुरुदेव की ही माँ-बहन से अपना घनिष्ठ रिश्ता जोड़ दिया।

"उस वरिष्ठ पत्रकार का किस्सा भी बड़ा मजेदार है, पांडे बाबा। वो हाइली इंटेलैक्चुएल थे। उच्च कोटि के बुद्धिजीवी। मेहनत की नहीं, बस अपनी बुद्धि की खाते थे। जाति-धर्म से परे, दलित, अल्पसंख्यक, महिला उत्थान के परम हितैषी। मीडिया में जातिवाद का विरोध करने के लिए उन्होंने अपना सरनेम हटा दिया था। उनके विरोधियों का कहना था कि

उन्होंने ऐसा इसलिए किया है ताकि वो हर जाति-गुट में शामिल हो सकें लेकिन वो खुद 'जाति न पूछो पत्रकार की' की मुद्रा में रहते थे।

"मीडिया में महिला उत्थान के लिए वो अपनी टीम में केवल और केवल लड़कियों को रखते थे। अगर गलती से कोई लड़का उनकी टीम में आ गया तो वो एक सप्ताह के अन्दर या तो अपनी टीम चेंज करा लेता या फिर इस्तीफा दे देता था।

"जनाब बड़े नामी पत्रकार थे। सम्पर्क सूत्र तगड़ेवाले। नए लड़के नौकरी के लिए फोन करते थे तो वो उन्हें मीडिया का मैनर समझाते थे—नौकरी के लिए एचआर से बात करनी चाहिए, लेकिन लड़कियों को रात 12 बजे फोन करके खबर की सेंसीटिविटी समझाते थे। इंटरनेशनल मीडिया के किस्से सुनाते थे। इस बात पर अफसोस जाहिर करते थे कि इंडियन लड़कियाँ उतनी प्रोग्रसिव क्यों नहीं हैं, जितनी फॉरेन मीडिया की हैं। पुरानी लड़कियाँ तो उनका फोन ही नहीं उठाती थीं, लेकिन नई लड़कियाँ उनके चरके में आ जाती थीं।

"वैसे भी ऑफिस में आई नई लड़कियों पर खास नजर रहती थी उनकी। उनका नाम नहीं पूछते थे, सीधे उनके गले में लगे आई-कार्ड को पकड़कर एक खास एंगिल से ऊपर उठाते हुए नाम देखते थे। और उस पर से उन्हें भूलने की जबरदस्त बीमारी! लड़कियों के नाम अक्सर भूल जाया करते थे। हर बार नाम जानने के लिए कार्ड उठाने की मजबूरी आ जाती थी, वही अपने खास एंगिल के साथ। लड़कियाँ उनके डर से आई-कार्ड गले में नहीं टाँगती थी, जेब में रखती थीं। गनीमत यही थी कि वो पॉकेट से निकालकर नाम नहीं देखते थे।

"पूरा ऑफिस उन्हें ठरकनाथ कहता था, लेकिन वो खुद कभी हल्की-फुल्की बात नहीं करते थे। बुद्ध, सुकरात और अरस्तू से नीचे नहीं उतरते थे। गांधी, नेहरू जैसे लोगों की चर्चा पर भी वो बस मन्द-मन्द मुस्कराते थे। उनका दावा था कि अगर मार्क्स उनकी सलाह पर चलते तो आज वामपंथ लाल सलाम और लाल झंडे तक सीमित नहीं रहता।

"मार्क्स की इस गलती को दूर करने के लिए वो समय और सत्ता समीकरण के हिसाब से अपना राजनीतिक रंग बदलते रहते थे। डार्विन के अस्तित्ववाद के प्रबल हिमायती थे वो। कहते थे कि प्रकृति के साथ डायनासोर ने सामंजस्य नहीं बिठाया तो उसका धरती से अस्तित्व खत्म हो गया। पॉलिटिक्स के साथ अगर पत्रकारिता सामंजस्य नहीं बिठाती तो उसका भी अस्तित्व खत्म हो जाएगा। उनकी इसी तरह की बातों से नए लोग उन्हें बहुत ज्ञानी समझने लगते थे।

"त्यागी भी उनकी इसी भाव-भंगिमा से धोखा खा गया था। आँख उसकी तब खुली जब उसके गुरुदेव ने उसकी गर्लफ्रेंड पर ही हाथ फेर दिया। उसका भी किस्सा बड़ा मजेदार है, पांडे बाबा।"

"गुप्ता जी, वो मजेदार किस्सा बाद में सुनाइएगा। पहले त्यागी के सम्पादकी शौक वाला किस्सा तो पूरा कर दीजिए। बुलेटिन का टाइम हो रहा है।" पांडे को गुप्ता जी की किस्सागोई में मजा आता था, लेकिन जिस अन्दाज में वो एक किस्से से दूसरे किस्से को पिरोते थे, उससे वो खासा परेशान रहता था।

"अरे हाँ, तो मैं कहाँ था? अच्छा, मीडिया में त्यागी की एंट्री पर था मैं। तो पांडे बाबा त्यागी जिस अन्दाज में न्यूज रूम में रमने लगा, उससे सम्पादक महोदय बहुत खुश हुए। वो उसकी पत्रकारिता प्रतिभा के कायल हो उठे। इतने कायल हुए कि एक दिन रात 10 बजे का शो खत्म होने के बाद उसे अपने पर्सनल रूम में बुला लिए। ऑफिस के टॉप फ्लोर पर सम्पादक महोदय का पर्सनल रूम था, मॉडर्न सम्पादकों की हर सुख-सुविधा के साथ। टीवी सेट, कम्प्यूटर, फैक्स के साथ फ्रिज। उसमें ठंडा-गर्म सब कुछ। गद्देदार सोफा, पलंग।

"तो पर्सनल रूम में पहुँचने के बाद त्यागी सम्पादक साहब के अगले आदेश की प्रतीक्षा में बैठ गया। सम्पादक साहब बहुत देर तक माहौल बनाते रहे। दो पैग खुद लगाए, त्यागी को भी दिया। त्यागी के न करने का सवाल ही नहीं था। उस्ताद ने समझाकर भेजा था कि सम्पादक साहब को

कोई शिकायत नहीं होनी चाहिए। उसने दो के बदले चार पैग लगा लिए, लेकिन सम्पादक महोदय कुछ बोल ही नहीं रहे थे। वो सोफे पर बेचैनी से पहलू बदल रहा था। अचानक सम्पादक महोदय सोफे पर उससे सटकर बैठ गए और अपना हाथ उसके..."

"क्या बात कह रहे हैं, गुप्ता जी!"

"त्यागी भी ये बात आपको सुना देगा पांडे बाबा, लेकिन उसके लिए बोतल का खर्चा लगेगा। पहले तो अपनी तारीफ के तौर पर ये किस्सा खुद सुनाता था, लेकिन अब ये वाकया सुनाने के लिए दारू माँगता है। अब बड़ा पत्रकार बन गया है न त्यागी!"

"तो उसके बाद क्या हुआ? त्यागी की तो फट..." पांडे की उत्सकुता चरम पर थी

"अरे नहीं, पांडे बाबा। त्यागी के लिए तो ये सामान्य बात थी। ये सेवा तो उसे अपने अखाड़ेवाले उस्ताद को अक्सर देनी पड़ती थी। तो सम्पादक के हाथ रखने के साथ त्यागी उठ खड़ा हुआ। समझ गया कि मामला क्या है?

"सम्पादक महोदय उसकी इस हरकत से नाराज हो उठे। सम्पादक मैं और सम्पादकी शौक इसको? समझाया कि जब तुम सम्पादक बन जाना, तब ये सम्पादकी शौक पालना। अभी पहलवान हो, पहलवानी धर्म निभाओ।

"तो पांडे बाबा, ये त्यागी बहुत दिनों तक वहाँ पहलवानी धर्म निभाता रहा, पैसा प्रमोशन पाता रहा, लेकिन बाद में किसी वजह से वहाँ उसका मामला बिगड़ गया। कहने वाले कई तरह की बातें कहते हैं। अब ठीक-ठीक क्या हुआ, ये तो नहीं पता, लेकिन वहाँ से निकाले जाने के बाद ही ये त्यागी यहाँ ठुल्ला के पास पहुँचा है।

"तो पांडे बाबा, सुनते हैं कि सम्पादक की कुर्सी के करीब पहुँचते ही त्यागी का भी सम्पादकी शौक शुरू हो गया है। अपने गाँव से किसी लौंडे को ले भी आया है। वो भी उसी की तरह हट्टा-कट्टा पहलवान है। लेकिन पांडे बाबा, आप उस लौंडे से थोड़ा सतर्क रहना।"

"मैं! मैं क्यों? मुझे कौन-सा सम्पादकी शौक...?" पांडे बुरी तरह से चौंका।

"अरे नहीं, पांडे बाबा। आप भी क्या-क्या सोच लेते हैं? लौंडा गाँव से हॉकी स्टिक लेकर आया है। आप त्यागी से जो पंगा ले रहे हैं, इस बात पर बहुत भड़का हुआ है। त्यागी का एक लौंडा बता रहा था। वैसे आप चिन्ता मत करो बाबा, उसका एक इन्तजाम है मेरे पास।

"मुंगेर का एक लड़का है अपने पास। मेरे रिश्तेदार का लड़का है। बेचारा 'आत्मनिर्भरता' वाले नारे के चक्कर में आ गया था। अब ये राष्ट्रवाद और आत्मनिर्भरता का नारा इतना आकर्षक है कि कोई भी इसके चक्कर में फँस जाए। वो बेचारा तो नई उम्र का लड़का है। उसका राष्ट्रवाद ने जब जोर पकड़ा तो वो हथियारों के मामले में देश-समाज को आत्मनिर्भर बनाने में लग गया था।

"लेकिन बिहार की हालत तो आपको पता ही है, पांडे बाबा। जब बड़े-बड़े उद्योग वहाँ नहीं टिक पाए तो बेचारे का कुटीर उद्योग कहाँ से टिक पाता? बेचारे को अपनी फैक्ट्री बन्द करके यहाँ नोएडा आना पड़ा। पूँजी के तौर पर अपनी फैक्ट्री का कुछ उत्पाद साथ लाया है। मैंने खुद देखा है। स्वदेशी है, लेकिन विदेशी से बढ़िया है। त्यागी के लौंडे का हॉकी स्टिक उसके आगे कही नहीं टिकेगा। अपनी एक अँगुली के दम पर छह हॉकी स्टिक को वो एक साथ सँभाल लेगा। आप बिलकुल निश्चिन्त रहिए। उसको अपने साथ रखिए, त्यागी का लौंडा आपके साये से भी दूर रहेगा।

"बच्चे का सीवी मैंने बना दिया है, बाबा। वीडियो बहुत फास्ट डाऊनलोड करता है। ट्रिपल सी—क्राइम, क्रिकेट, सेलिब्रेटी में बहुत इंटरेस्ट है उसको। टीवी चैनल के लिए फिट है, बाबा। कहिए तो उसे कल आपके पास भेज दूँ?"

"भेज दीजिएगा, गुप्ता जी।"

"और अब आप मेरे हाथ में रखे कागज के इन पन्नों को देखिए। जुर्म का जिन्दा सबूत हैं ये। इन पन्नों पर ऐसी जानकारी है, जिसे सुनकर पूरी दुनिया हिल जाएगी। दिल्ली की सरकार हिल जाएगी, लखनऊ की सरकार गिर जाएगी, इनसानियत की रूह काँप जाएगी, हैवानियत की हर हद..."

'भारत टीवी' का क्राइम रिपोर्टर प्रदीप बलरामपुर से लाइव दे रहा था। कागज के पन्नों के सहारे खेलने का आइडिया पांडे ने उसे समझाया था।

"प्रदीप, इन पन्नों पर ऐसा क्या है? आपको ये पन्ने कहाँ से मिले?" 'भारत टीवी' का एंकर कागज के पन्नों पर बने सस्पेंस को उभार रहा था।

"इन पन्नों पर क्या है, ये बताने से पहले मैं आपको ये बता दूँ कि ये पन्ने खुद चलकर मेरे पास आए हैं। इन्हें बेजान पन्ना समझने की भूल मत कीजिएगा। इंसाफ की उम्मीद में इन पन्नों ने मेरे दरवाजे पर खुद दस्तक दी है। और ये मेरा वादा है, देश के चैनल 'भारत टीवी' का वादा है कि वो इंसाफ की इस लड़ाई में पीछे नहीं हटेगा। इन पन्नों में दर्ज दस्तावेज को उसके अंजाम तक पहुँचाकर रहेगा। गैंगरेप की गुड़िया को उसका इंसाफ दिलाकर रहेगा।"

"एकदम सही कह रहे हैं आप, प्रदीप। बलरामपुर की बेटी पूरे देश की बेटी है। और हम उसको इंसाफ दिलाकर रहेंगे। अब आप बताएँ इन पन्नों में ऐसा क्या सबूत है जिसके दम पर आप कह रहे हैं कि पल भर में दूध का दूध, पानी का पानी हो जाएगा।"

"आप दूध का दूध और पानी का पानी की बात कह रहे हैं। अरे, इन पन्नों पर तो जो कुछ दर्ज है वो आधा भी सच हो जाए तो समन्दर में आग लग जाएगी, पर्वत का सीना चाक-चाक हो जाएगा, आसमान जमीन पर उतर आएगा, जमीन पाताललोक में..."

इधर 'भारत टीवी' पर प्रदीप खाली कागज के पन्नों के सहारे माहौल बना रहा था, उधर 'हिन्दुस्तान न्यूज' पर रागिनी एक दूसरे अन्दाज में माहौल बना रही थी। वो पुलिस से भिड़ी हुई थी।

"देखिए मैडम, आप मौका-ए-वारदात पर नहीं जा सकती। अभी वहाँ पुलिस जाँच कर रही है।"

"क्यों नहीं जा सकती? मैं जरूर जाऊँगी। वहाँ जाने से आप नहीं रोक सकते मुझे। चलिए हटिए।"

रागिनी पुलिसवालों के खिलाफ मोर्चा खोले हुए थी। वो जबरदस्ती वारदात वाली जगह पर जाने की जिद ठाने बैठी थी। चैनल पर उसका लाइव ड्रामा अलग तरह का रोमांच पैदा कर रहा था।

"आखिर आप किस आधार पर मुझे यहाँ से रिपोर्टिंग करने से रोक रहे हैं? क्या आपके पास मुझे रिपोर्टिंग करने से रोकने का कोई आदेश है?"

"मैडम, हम वो सब नहीं जानते हैं, लेकिन आप यहाँ से रिपोर्टिंग नहीं कर सकती हैं।"

"किसकी मजाल है जो मुझे रिपोर्टिंग करने से रोके? देश की बेटी का दर्द दिखाने से रोके? है आपमें मजाल? दम है तो हाथ लगाकर दिखाइए।"

रागिनी बहुत देर तक इस इन्तजार में रही कि कोई पुलिसवाला उसे हाथ लगा दे, लेकिन पुलिसवाले ठहरे खुद पुराने चावल। वो रागिनी को माहौल बनाने का कोई मौका नहीं दे रहे थे। तब मजबूरी में रागिनी को खुद हाथ लगाना पड़ा। एक जेंट्स पुलिसवाले को उसने धक्का दे दिया। वो चाह रही थी कि वो पुलिसवाला उसके साथ हाथापाई कर ले ताकि मामला ज्यादा संगीन बनाया जा सके, लेकिन लेडीज पुलिस की टीम अपने पुरुष सहयोगियों की रक्षा में तत्पर थी। देखते-देखते वहाँ अच्छा-खासा हंगामा मच गया। एक तरफ पूरी पुलिस फोर्स, दूसरी तरफ रणचंडिका बनी रागिनी। सब कुछ लाइव। न्यूज रूम में बैठा त्यागी गद्‌गद था। उसने रागिनी को यही सब करने को कहा था। अब वो न्यूज रूम से सब कुछ कंट्रोल कर रहा था।

"मजा आ गया। ऐ, अब डबल विंडो बना। एक विंडो में रागिनी का अनशन दिखा, दूसरे विंडों में उसकी पुलिसवालों के साथ हाथापाई दिखा। सवाल उठा कि आखिर किस सच को सामने लाने से रोक रही है

बलरामपुर पुलिस? टॉप लिख—'पुलिसिया जुर्म के खिलाफ 'हिन्दुस्तान न्यूज' का आमरण अनशन।'"

"और डार्लिंग, आज तो तूने महफिल लूट ली।"

रात में पांडे ने रागिनी को फोन मिलाया, बधाई देने के लिए।

"मजाक मत कर, पांडे। सच-सच बता, सब ठीक रहा मेरा?" खुशी से रागिनी की आवाज काँप रही थी।

"बढ़िया। मजमा अच्छे से जमा दिया तूने।"

"और वो पुलिसवालों से मेरी टक्कर..." रागिनी की आवाज से खुशी टपक रही थी। पांडे का फोन आते ही वो एक कोने में चली गई थी। अनशन स्थल पर गाँववालों की भीड़ थी। कुछ पुलिसवाले भी उस पर नजर जमाए खड़े थे।

"पता है पांडे, मैं अन्दर से बहुत डर रही थी।"

"अरे नहीं, डरने की क्या बात? कैमरे के सामने पुलिस अपना डंडा नहीं उठाती। बस, उस समय पुलिस से बचकर रहना जब तुम्हारा कैमरा ऑफ हो।"

"अरे, ये तो मुझे पहले से पता है, पांडे। मैं तो डर रही थी कि अगर ये पुलिसवाले मुझे रिपोर्टिंग करने दें तो मैं बोलूँगी क्या? एंकरिंग में तो केवल लिखा हुआ बोलना होता है लेकिन यहाँ...! ओ माई गॉड! तेरा ये प्रदीप कैसे इतना पटर-पटर बोल लेता है? सुना है, आज वो कोई कागज का पन्ना लहराकर बहुत माहौल बना रहा था।"

"हाँ, उसने भी शो जमा दिया, लेकिन आज की महफिल तेरे नाम। लौट के आ, तब तुझे पार्टी देता हूँ।"

"##$$% महफिल की शुरुआत हमने की, मजमा सजाया हमने, लेकिन मजा लूट रहे हैं ये साले दिल्लीवाले।"

"सही कह रहे हो, पार्टनर। गैंगरेप की खबर ब्रेक की है हमने, लेकिन अब टीवी पर चेहरा चमका रहे हैं ये दोनों।"

'भारत टीवी' और 'हिन्दुस्तान न्यूज' के स्ट्रिंगर एक साथ बैठकर अपना गम गलत कर रहे थे। गैंगरेप की खबर तीन दिन तक दबी रही थी। मुखिया पुलिस स्टेशन में दोनों पक्षों के बीच लेन-देन करा कर मामला दबा चुका था। गलती उससे बस ये हुई कि उसने मामला सेट करने में लोकल मीडिया को इन्वॉल्व नहीं किया। उसी का खामियाजा अब सब भुगत रहे थे।

"पहले दिन मेरा बस तीन फोनो हुआ।"

"तेरा तो तीन फोनो हो गया, मेरा तो बस एक ही हुआ। कमीनों ने एक बार भी चेहरा दिखाने का मौका नहीं दिया। और उसके बाद से इस प्रदीप की खातिरदारी।"

"इस रागिनी के लिए तो मेरे पास स्पेशली ऑफिस से फोन आया है। उसे किसी तरह की दिक्कत न हो। और ये #$$%^ सटासट सुट्टा मारती है। लिम्का में मिलाकर वोदका ऐसे गटकती है कि क्या बताऊँ? जब तक कैमरा ऑन रहता है, तब तक अनशन पर बैठी रहती है। कैमरा ऑफ होते ही चालू हो जाती है।"

"ये प्रदीप तो और हरामी है। बस, लाइव में कागज के पन्नों को दिखाकर माहौल बनाता है, लाइव खत्म होते ही अपनी आइटम के साथ मस्ती में डूब जाता है। कैमरामैन बनाकर उसे यहाँ भी ले आया है। परसों दारू लेकर जब मैं उसके होटल गया तो वो वहीं रूम में थी।"

"भाई, कुछ कर। ये नाइंसाफी बरदाश्त हो नहीं रही है।" 'भारत टीवी' के स्ट्रिंगर ने अपना पैग खाली करते हुए कहा। 'हिन्दुस्तान न्यूज' वाला स्ट्रिंगर अपना पैग हाथ में लिए गहन चिन्तन में डूबा हुआ था।

"हाँ यार, कुछ तो करना होगा। इन हरामियों को बरदाश्त नहीं कर पा रहा हूँ मैं। रुक, करता हूँ इनका इन्तजाम।"

"सर, आज गैंगरेप की लाइन-लेंथ क्या रहेगी?"

पांडे चैनल की जनरल मीटिंग के बाद रोज अलग से बुल्ला के साथ कॉन्फिडेंशियल मीटिंग करता था। उन दोनों की उस मीटिंग में तय होता था कि किसी खास खबर को किस अन्दाज में और किस एंगल से पेश करना है। आज की मीटिंग में गैंगरेप की लाइन-लेंथ का मुद्दा सबसे बड़ा मुद्दा था।

"अभी बीच-बीच में टिके रहो, पांडे। दोनों ऑप्शन खुले रखो।"

पांडे इस फील्ड का पुराना चावल था। बुल्ला के बिना बोले समझ गया कि अभी किसी पार्टी से डील नहीं हो पाई है। खुद बुल्ला गहरी सोच में डूबा हुआ थां। कल उसके प्रतिनिधियों ने दोनों दलों से सम्पर्क किया था, लेकिन बात कहीं बन नहीं पाई। बुल्ला इस बात से बेहद दुखी था।

"ये मालवीय मार्केट को एकदम खराब करके छोड़ेगा। रेट गिराता जा रहा है। पता है 'पार्टी ए' से उसने कितने में सौदा किया है? उस रेट पर धन्धा करने से तो बढ़िया है कोई और धन्धा कर लिया जाए। तुम इस धन्धे में कैसे आ गए, पांडे?"

"मजबूरी में, सर। यूपीएससी का चांस खत्म हो गया तो रोजी-रोटी का संकट सामने आ गया। लालबत्ती का ख्वाब देखने के बाद छोटे-मोटे काम लायक बचा नहीं था। इधर प्रेस्टीज, पॉवर की गुंजाइश दिखी तो चला आया।"

"पहले पैसा भी था पांडे, लेकिन ये मालवीय जैसे लोग पत्रकारिता को गर्त में ले जाकर ही छोड़ेंगे। पार्टी 'ए' से उसके डील का हवाला देकर पार्टी 'बी' हमसे डील करना चाह रही है। अब उतने सस्ते में डील..."

"उसको अच्छे से ठोकते हैं, सर। चार खबरों के बाद वो लाइन पर..."

"लेकिन अगर लाइन पर नहीं आता है तो डबल लॉस हो जाएगा। जो भी मिलनेवाला है, वो भी हाथ से निकल जाएगा। वैसे भी मालवीय उसको पहले से ठोक ही रहा है। कहीं वो ये न सोच बैठे कि मुर्दा पर एक मन माटी या दस मन, क्या फर्क पड़ता है?"

"हाँ, ये खतरा तो है, सर।"

"एक खतरा और है। अगर हमने उसको ठोकना शुरू कर दिया तो पार्टी 'ए' वाले सोचेंगे कि हमार काम तो फ्री फंड में हो रहा है। सो, वो भी हमें घास नहीं डालेंगे।"

"सीधे राजधानी से सम्पर्क क्यों नहीं कर रहे हैं, सर? जो जीतेगा, वो तो जाएगा सत्ता के साथ ही।"

"यही बात तो राजधानी वाले भी कह रहे हैं। कोई जीते, कोई हारे, उन्हें क्या फर्क पड़ता है और जब फर्क नहीं पड़ता है तो फिर वो इन्वेस्ट क्यों करेंगे?"

"समस्या वाकई गम्भीर है, सर।"

"समस्या तो है, लेकिन तुम इसको लेकर ज्यादा परेशान मत हो। मैं लगा हूँ। एक-दो दिन में किसी-न-किसी से मामला तय हो जाएगा। और क्या बात है पांडे, तुमने पिंकी से मिलना-जुलना क्यों छोड़ दिया है?"

पिंकी बुल्ला की एकलौती बेटी थी। बुल्ला ने पांडे को अपना दामाद बनाने का मन बना रखा था। घरजमाई। साथ में बिना सैलरी वाला सम्पादक! पिंकी को भी पांडे से कोई प्रॉब्लम नहीं थी, लेकिन पांडे की एक बहुत बड़ी प्रॉब्लम थी—रागिनी।

"बस सर, ऐसे ही। वो आजकल अपनी टीआरपी थोड़ी गिरी हुई है तो..."

"कोई नहीं। आज गिरी है तो कल उठ जाएगी। पिंकी से मिल लेना। वो बहुत नाराज है तुमसे।"

"पता है पांडे बाबा...।"

पांडे जब गुप्ता जी की चाय दुकान पर पहुँचा तो वो उनकी बात सुनने के मूड में कतई नही था, लेकिन सुनने से इनकार भी नहीं कर सका।

वो बहुत अपसेट था। एक तो बुल्ला गैंगरेप की लाइन-लेंथ तय नहीं कर पाया था। उस पर से पिंकी का पचड़ा। सीधे-सीधे न कहता तो नौकरी जाती, 'हाँ' कहता तो रागिनी जाती। तमाम परेशानियों के बावजूद पांडे रागिनी को खोना नहीं चाहता था।। कल भी रागिनी ने पांडे के लिए एक नई मुसीबत खड़ी कर दी थी। उसने अपने लाइव में प्रदीप को कागज दिखाने की चुनौती दे दी, इस दावे के साथ कि प्रदीप बस सादा कागज दिखाकर ब्लफ मार रहा है। पांडे ने डैमेज कंट्रोल की कोशिश की, लेकिन मामला जमा नहीं। अब पांडे इस सोच में डूबा हुआ था कि बिना लाइन-लेंथ के आज वो खबर से कैसे खेलेगा?

"तो हुआ ये था कि एक दिन गोवर्धन बाबा हमसे बोले कि बेटा गुप्ता, चलो तुमको कलकत्ते घुमाकर लाते हैं। गोवर्धन बाबा का आदेश और हम चल दिए घूमने। लेकिन वहाँ जाकर परेशान हो गए। गोवर्धन बाबा रोज हमें रूम में छोड़कर गायब हो जाते, रात-रात भर गायब। हम बहुत परेशान हुए। माजरा कुछ समझ में नहीं आए। लेकिन अब गोवर्धन बाबा की बात। पूछें कैसे? मन में कई तरह की बातें आती थीं, लेकिन पूछने की हिम्मत नहीं जुटा पाता था।

"फिर गोवर्धन बाबा ने खुद एक दिन मुझे सारी बात बताई। उस दिन बहुत दुखी थे बेचारे। गोवर्धन बाबा को उतना दुखी मैंने कभी नहीं देखा था। रात में लौटे और बोतल खोलकर बैठ गए। आँसू उनके जाम में गिर रहे थे। मैंने हाथ जोड़कर कहा कि बाबा, कुछ तो बताइए। तब बाबा ने एक दर्दभरी दास्ताँ सुनाई।

"जवानी के दिनों में बाबा एक बाई से मिलने सोनागाछी जाया करते थे। उसके साथ कुछ रातें बिताते, फिर वापस गोरखपुर की अपनी जमींदारी में लौट आते थे। उनके जैसे कुछ और रईस भी उस बाई के ग्राहक थे, लेकिन बहुत कम। बाबा ने बताया कि उसका रेट इतना हाई था कि लोग उसके कोठे पर जाने से पहले दस बार अपनी जेब देखते थे। अच्छी कमाई थी उसकी, लेकिन बाद में मति मारी गई। लालच समा गया मन में।

"हुआ ये पांडे बाबा कि उसके दिमाग में खयाल आया कि जब इतने कम ग्राहकों को खुश करके मैं इतना कमा लेती हूँ तो फिर ज्यादा-से-ज्यादा लोगों को खुश करके और कमा सकती हूँ। ग्राहकों की तलाश में वो कोठा छोड़कर सड़क पर उतर आई। खुद से ग्राहक तलाशने लगी। फिर हुआ ये कि उसकी वैल्यू पूरी तरह खत्म हो गई।

"बाबा उसी बाई से मिलने आए थे। वहाँ जाकर उन्हें पता चला कि उसने अपने आखिरी दिन बड़ी मुफलिसी में गुजारे।"

पांडे समझ रहा था कि इस कहानी से गुप्ता जी बस माहौल बना रहे हैं। कहानी के अन्दर की कहानी कुछ और होगी। गुप्ता जी ने भी ज्यादा इन्तजार नहीं कराया।

"आज के मीडिया की यही हालत हो गई है, पांडे बाबा। कोठे से उतरकर उसने अपनी वैल्यू खत्म कर ली है। जब तक वो कोठे पर रही, सरकार से लेकर साहूकार सब उसके दरबारी बने रहे। उसके लिए बोली लगाते रहे, लेकिन जब से मीडिया सड़क पर उतरकर ग्राहकों को खोजने लगी, तब से उसकी हालत उसी रंडी-जैसी हो गई है। किसी का मन हुआ तो कटोरे में दो-चार रुपये डाल दिए, मन नहीं हुआ तो कुछ काम करने की नसीहत दे दी।

"अब बताइए, गैंगरेप हुए इतने दिन बीत गए, लेकिन आपका चैनल अभी तक गुड़िया को इंसाफ नहीं दिला सका। कोई लाइन-लेंथ तय नहीं कर पाया। बस, खाली कागज दिखाकर ब्लफ मार रहा है। उस कागज पर किसी पार्टी के उम्मीदवार का नाम नहीं लिख पा रहा है।

"हिन्दुस्तान न्यूजवाले पार्टी 'ए' के द्वार तक जरूर पहुँच गए हैं पांडे, बाबा लेकिन वहाँ उनकी भी बुरी हालत है। कल बहुत रो रहा था त्यागी। बता रहा था कि उसका चैनल कुत्तों से भी ज्यादा वफादारी से पार्टी 'ए' की सेवा कर रहा है, लेकिन पार्टी सही में कुत्तों की तरह ट्रीट कर रही है। दो रोटी देती जरूर है, लेकिन दरवाजे से बाहर बैठने की हिदायत के साथ।

"कल ठुल्ला अपने साथ त्यागी को भी लेकर गया था उस पार्टी

के एक बड़े लीडर के घर, लेकिन वो मिले तक नहीं। दो घंटे तक दोनों इन्तजार करते रहे, लेकिन दो कप चाय भी नसीब नहीं हुई। एक कप चाय, दो सूखे बिस्कुट। आप ये बढ़िया वाला बिस्कुट खाइए, पांडे बाबा। आप तो खुद से खरीदकर खानेवाले हैं।"

"सर, सर ये हिन्दुस्तान न्यूजवालों ने गैंगरेप में बहुत गन्दा काम कर दिया है।"

अगले दिन पांडे बुल्ला के केबिन से बाहर निकला तो प्रोड्यूसर पहुँचा उसके पास, लेकिन पांडे पर उसकी बात से फर्क नहीं पड़ा। बुल्ला की भी पार्टी 'ए' से ही डील हुई। खबर की लाइन-लेंथ सब तय। अब उस लाइन-लेंथ पर खबर से खेलने की जिम्मेदारी पांडे पर थी।

"वो त्यागी है ही गन्दा आदमी। हर वक्त गन्दगी फैलाता रहता है।"

"अब क्या गन्दगी फैलाई उसने?"

"गैंगरेप को मन्दिर-मस्जिद तक पहुँचा दिया है, सर। गैंगरेप में हिन्दू-मुस्लिम एंगिल डाल दिया है।"

"बहुत नालायक है वो। मुझे तो लग रहा है कि कल तक वो लव जिहाद भी करा देगा।"

"सर, लेकिन हम क्या करें?"

"त्यागी को और गन्दगी फैलाने से रोको। इस लव जिहाद पर ब्रेक लगाओ। देश को जागरूक करो। धर्म संसद बुलाओ। मौलवी और पंडित को बुलाओ। लव जिहाद पर बहस कराओ।"

प्रोड्यूसर को झटका लगा। उसने गौर से पांडे के चेहरे की तरफ देखा।

"सर, फिर तो हम भी हिन्दू-मुस्लिम वाले एंगिल..."

"मजबूरी है, बेटे। कीचड़ में कमल खिलाने की ताकत बस कुदरत

में होती है, हम इनसान तो वहाँ और गन्द ही फैला सकते हैं। त्यागी जैसे सूअर से लड़ाई है तो कीचड़ में उतरना ही पड़ेगा। प्रदीप बता रहा था कि 'हिन्दुस्तान न्यूज'वाले कास्ट कार्ड खेलने की भी तैयारी करा रहे हैं। तुम ऐसा करो, कुछ जातिवादी नेताओं को भी डिबेट में बुला लो। त्यागी कल आकर कास्ट कार्ड खेले, उससे पहले ही तुम उस पर भी रोक लगा दो।"

"मतलब धर्म के साथ-साथ जाति भी...!"

"कोई प्रॉब्लम है तुझे?" पांडे ने प्रोड्यूसर को घूरा । बहुत देर तक दिखावा करने की आदत नहीं है पांडे की।

"अरे नहीं सर, मुझे क्या प्रॉब्लम होगी?"

"तो फिर जा। धर्म और जाति संसद की तैयारी कर। लव जिहाद पर हर एंगिल से डिस्कशन कराना। लव जिहाद के कुछ पुराने मामले भी निकाल ले। जातिवादी नेताओं से बात कर। प्रदीप बता रहा था कि इस सबके पीछे पार्टी 'बी' के उम्मीदवार का हाथ है। इसी लाइन पर खेल। त्यागी से ज्यादा तेज खेलकर दिखा।"

"और एंकर को कह देना कि खुद ज्यादा न बोले, गेस्टों को ही बोलने दे। और लास्ट में ये नसीहत जरूर दे कि गैंगरेप जैसे संवेदनशील मामले को साम्प्रदायिक या जातीय रंग देना निहायत ही गलत बात है। हम आपसे अपील करते हैं कि इस मामले को धर्म और जाति के नजरिए से नहीं, इनसानियत के नजरिए से देखें। बलरामपुर उपचुनाव में जीत हासिल करने के लिए पार्टी 'बी' का उम्मीदवार जो हथकंडे अपना रहा है, उसकी हम घोर निन्दा करते हैं।"

प्रोड्यूसर ने सब कुछ पांडे की इच्छानुसार किया, लेकिन खेल खराब कर दिया नादान गेस्टों ने। उस रोज चैनल के रेगुलर गेस्ट उपलब्ध नहीं थे। लिहाजा, गेस्ट कॉर्डिनेटर जाति-धर्म के कुछ नए जानकारों को पकड़ लाया था। अब एंकर ने गैंगरेप की गुड़िया को इंसाफ दिलाने की अपनी मुहिम का जिक्र करते हुए उन्हें बोलने के लिए कहा तो उन्होंने इंसाफ की पूरी लड़ाई शुरू करने से पहले ही धराशायी कर दी—

"गैंगरेप पर मैं क्या बोलूँ? मैं तो बस लव जिहाद पर बोल सकता हूँ।"

"हाँ, मैं भी बस भारत के जातीय संघर्ष पर बोल सकता हूँ। गैंगरेप और गुड़िया के इंसाफ के बारे में मैं क्या जानूँ?"

"सर, गैंगरेप में एक बड़ा अपडेट है। बारह बजे रागिनी का लाइव ले लूँ?"

"रागिनी का लाइव लेगा? क्या बात कर रहा है?"

बुलेटिन प्रोड्यूसर पहुँचा था त्यागी के केबिन में। त्यागी अपने दरबारियों के साथ महफिल सजाए बैठा था। चाय के साथ हँसी-मजाक का दौर चल रहा था।

"सर, बड़ा अपडेट है। रागिनी की लाइव लूँगा तो मजा आ जाएगा। फोनो में उतना मजा नहीं आता।"

"सही कह रहा है। जो सुख लाइव में है, वो फोनो में कहाँ?"

प्रोड्यूसर त्यागी के द्विअर्थी संवाद को देर से समझा। नया लड़का था। झेंपता हुआ बाहर निकल गया। टीम त्यागी अब रागिनी-रस में डुबकी लगाने लगी। 'पांडे पुराण' शुरू हो गया। लड़का चन्द पलों बाद ही वापस लौट आया। इस बार अपने शब्द प्रयोग को लेकर वो पहले से ज्यादा सचेत था।

"सर, रागिनी लाइव रिपोर्टिंग के लिए तैयार नहीं हो रही है।"

"क्यों?"

"सर, वो उसका मेकअप आर्टिस्ट नहीं है उसके पास। चाय पीने बाजार गया हुआ है।"

"अरे गजब! मेकअप नहीं तो लाइव नहीं? बन्दी चीज तो स्पेशल है। अपना फेस वैल्यू समझती है वो। वैसे बेटे, इस मामले में तो मैं भी कुछ नहीं बोल सकता। वो सीईओ साहब का मेल देखा है न?"

पांडे के सीईओ कपड़े और कलम की ब्रांड देखकर पत्रकारों का लेवल तय करते थे। आते ही उन्होंने फरमान जारी करके सबका ड्रेस कोड

तय कर दिया। न्यूज रूम में हर कोई फॉर्मल ड्रेस में आएगा, एंकर-रिपोर्टर बिना प्रॉपर मेकअप के कैमरे के सामने नहीं। एंकरिंग करनी है तो पहले मूँछ साफ करो। फीमेल एंकर के स्टाइलिस्ट ड्रेस के लिए उन्होंने मुंबई से ड्रेस डिजाइनर को बुलाया था। कॉलेज की फ्रेंड भी थी वो डिजाइनर। सीईओ साहब को कॉलेज के जमाने से कम कपड़ों में डिजाइन किया उसका ड्रेस पसन्द था।

"चल ऐसा कर, कल रागिनी ने लड़की की माँ का इंटरव्यू किया है, उसे ही नीचे ले ले। रात 10 बजे चला था वो।"

"बहुत घटिया इंटरव्यू है वो, त्यागी सर।"

त्यागी के एक दरबारी ने अपनी राय रखी। रात दस बजे के शो का वही प्रोड्यूसर था।

"एकदम कूड़ा। उस लड़की की माँ कुछ बोल ही नहीं पाई। बस, रागिनी टपर-टपर सवाल पूछ रही है और वो बुढ़िया कुछ बोल ही नहीं रही है।"

"अब बेटी का गैंगरेप हुआ है। अन्दर से टूट गई होगी बेचारी।" एक दूसरे दरबारी ने उसके साथ सहानुभूति जताने की कोशिश की, लेकिन दस बजे का प्रोड्यूसर उसकी सहानुभूति को स्वीकारने के लिए कतई तैयार नहीं हुआ।

"तो रो ही देती। बोल नहीं सकती थी तो रो तो सकती थी। आँखों से आँसू तक नहीं टपके, सर। रागिनी ने उसे रुलाने की पूरी कोशिश की। माहौल पूरा इमोशनल बना दिया था। खुद अपनी आँखों में भी आँसू ले आई रागिनी, लेकिन उसे बुढ़िया पर असर ही नहीं हुआ। न रोई, न गाई, न इंसाफ की आवाज उठाई।"

"बहुत बेकार शो गया है कल, सर। मामला जरा भी जमा नहीं। टीआरपी कम आएगी तो मुझे कुछ मत कहिएगा। पहले ही बता रहा हूँ। मैं उसे देखते ही समझ गया था कि बिकनेवाला माल नही है। मैं तो उसे बुलेटिन में ले भी नहीं रहा था, लेकिन आपने कह दिया था इसीलिए ले लिया।"

"कैमरामैन भी &^%$$ था। केवल सवाल-जवाब पर फोकस किए रहा। उस बुढ़िया की आँखों के कुछ क्लोज शॉट ही बना लेता। रोई नहीं तो क्या हुआ, आँखों की नमी ही दिखा देता। कुदरत ने इनसान की आँखों में नमी तो बनाई है ही। उसी को थोड़ा चमका देते, थोड़ा इफैक्ट वगैरह लगा देते। पब्लिक थोड़ी भी सैंटी हो जाती तो हमारा शो बिक जाता।"

"तब फिर छोड़ दे। नीचे कोई दूसरी खबर ले ले।"

त्यागी ने दरबारियों की राय सुनने के बाद अपना फैसला सुनाया। साथ ही चिन्ता भी जाहिर की "लगता है, इस गैंगरेप से हटना होगा। कुछ नया हो नहीं रहा है। चुनाव को छोड़कर कोई नया एंगिल भी अब तक नहीं मिला। उसमें भी 'भारत टीवी' वाले हमारी ही पिच पर उतर आए।"

"हाँ सर, अब बलरामपुर में कुछ नया रह नहीं गया है। ये रागिनी का चेहरा चमकाकर कब तक माहौल बनाएँगे? वो चारों भी उसी रोज पकड़े गए। फरार हो गए होते तो कुछ दिनों तक उनकी तलाश करते।"

"ये पुलिस भी तो निकम्मी है। चारों को ठोक देती तो फिर पुलिस एनकाउंटर पर ही सवाल उठाते, लेकिन वो भी नहीं हुआ।"

"सर, मुझे तो लग रहा है कि ये गैंगरेप वाली बात भी फर्जी ही है। लड़की का किसी लौंडे से साँठगाँठ रहा होगा। उसी के साथ मस्ती मारने खेत में जा रही होगी। बाकी तीन पीछे से लग लिए होंगे।"

"माल-पानी का भी चक्कर हो सकता है, त्यागी सर। लड़की को माल नहीं मिला होगा तो उसने आरोप जड़ दिया होगा। मेरे गाँव में यही केस हुआ था।"

लड़का अपने गाँव का किस्सा सुनाने लगे। किस्सा ज्यादा जायकेदार नहीं निकला। आम राय यही बनी कि अब गैंगरेप की खबर से हटना चाहिए। गैंगरेप को लेकर शुरू में जो माहौल बना था, वो कम हो रहा था। गैंगरेप की गिरती टीआरपी इसका सबसे बड़ा सबूत था।

"सर, सर..."

असाइनमेंट से एक नया लड़का भागता हुआ पहुँचा। साँस फूल रही

थी, चेहरे का रंग उड़ा हुआ था। तीन महीने पहले ही चैनल में आया था।

"सर, वो लड़की मर गई। गैंगरेप वाली गुड़िया! मर गई, सर!"

"अरे गजब! तब तो हमारी खबर जिन्दा हो गई! जल्दी से फोनो दो। ब्रेकिंग पर जाओ। बाकी सारी खबर ड्रॉप करो। दिन भर इसी खबर पर रहना है। 'गैंगरेप की गुड़िया हम शर्मिन्दा हैं, तेरे कातिल जिन्दा हैं!' इसको हाइप बनाओ। दिन भर टीवी स्क्रीन पर ये लाइन चलते रहना चाहिए।"

"पांडे, इस रागिनी को तोड़ो। सारी टीआरपी लूट रही है ये लड़की।"

बलरामपुर गैंगरेप केस में रागिनी चैंपियन बनकर उभरी थी। जिस दिन रागिनी ने पुलिस से हाथापाई की थी, जब उस दिन की टीआरपी आई तो सब हिल उठे। एक उस अकेले शो की टीआरपी 'भारत टीवी' के तीन शो की टीआरपी से आई थी। उसी दिन से बुल्ला की नजर रागिनी पर थी।

"अगर रागिनी, अपने चैनल में आ जाती है तो फिर हम 'हिन्दुस्तान न्यूज' से लीड ले लेंगे। रागिनी और प्रदीप मिलकर..."

"लेकिन सर, प्रदीप तो खुद बारगेनिंग कर रहा है।"

"क्या बात कर रहे हो?"

"हाँ सर, ये देखिए हिन्दुस्तान न्यूजवालों का ऑफर लेटर। उन्होंने प्रदीप को ऑफर लेटर तक भेज दिया है। सब कुछ डबल—सैलरी भी, पोस्ट भी। ये देखिए, प्रदीप ने आज ही मुझे व्हाट्सअप किया है।"

"प्रदीप क्या कह रहा है?"

"यही कि हिन्दुस्तान न्यूजवाला ऑफर हम पूरा कर दें तो ठीक है वरना..."

बुल्ला सोच में पड़ गया। मालवीय तो उससे दो कदम आगे चल रहा था। वो अभी रागिनी को तोड़ने की सोच ही रहा था और यहाँ मालवीय ने प्रदीप को ऑफर लेटर तक भेज दिया है।

"प्रदीप को रोक लो और रागिनी से भी बात करो।"

"क्या ऑफर दूँ, सर?"

"सब कुछ डबल। वही जो 'हिन्दुस्तान न्यूज'वालों ने हमारे रिपोर्टर को दिया है।"

"ओके, सर।"

"और पांडे, इस केस को लेकर कुछ बड़ा करो। ऐसा शो बनाओ कि इस वीक टीआरपी टॉप पर रहे। एक बड़ी कम्पनी इस वीक अपना एड जारी करनेवाली है। अगर हम टॉप पर रहेंगे तो वो एड हमें मिल सकता है।"

वो स्वर्ग से आँसू बहाती आएगी

गैंगरेप की दर्दभरी दास्ताँ सुनाएगी

आप पूछ सकते हो उससे अपना सवाल

जवाब होगा उसका बेमिसाल!

रात 9 बजे, गैंगरेप की गुड़िया LIVE

"अरे यार, ये लास्ट लाइन नहीं जँच रहा है। गैंगरेप की पीड़ित लड़की का जवाब क्या बेमिसाल होगा? कुछ और लिखो। तुकबन्दी का ये मतलब थोड़े है कि कुछ भी लिख दोगे?"

पांडे अपनी टीम के साथ रात 9 बजे के बुलेटिन की तैयारी में लगा था। अभी प्रोमो का टेक्स्ट फाइनल हो रहा था।

"ऊपर की तीन लाइन तो मस्त हैं। सस्पेंस बढ़िया से उभरकर आ रहा है। वो स्वर्ग से आँसू बहाते आएगी। ये बहुत बढ़िया है। कॉन्ट्रास्ट झलक रहा है। स्वर्ग से आएगी, लेकिन रोते हुए! दूसरी लाइन सो-सो है। गैंगरेप की दास्ताँ तो दर्दभरी ही होगी। इसमें कॉन्ट्रास्ट की गुंजाइश नहीं

है, लेकिन तीसरी लाइन जहर है, जहर! आप पूछ सकते हो उससे अपना सवाल। पब्लिक की बात छोड़ो, ये सारे चैनलवाले भी इस लाइन को लेकर सवाल पूछेंगे।"

पांडे का अनुमान गलत नहीं था। जैसे ही त्यागी की नजर इस प्रोमो पर पड़ी, वो गड़बड़ा गया। लड़की स्वर्ग से आएगी, उससे पब्लिक सवाल पूछ सकती है!

"त्यागी सर, मुझे तो लग रहा है कि ये पांडे ब्लफ मार रहा है।"

"नहीं, पांडे इतना बड़ा ब्लफ नहीं मारेगा। वो जानता है कि एक बार व्यूवर्स के सामने एक्सपोज हो जाने का खतरा क्या है? यहाँ वो लड़की से सवाल पूछने के लिए खुद पब्लिक को इन्वाइट कर रहा है! कुछ खास तो है इस बार पांडे के पिटारे में।"

टीम त्यागी ने बहुत देर तक अपना दिमाग लगाया, लेकिन पांडे का प्रोमो रहस्य के पर्दे के पीछे ही रहा। त्यागी ने पांडे के चैनल में मौजूद अपने भेदिए को फोन लगाया, लेकिन वो भी कुछ नहीं बता पाया।

खुद पांडे के चैनल में भी शो को लेकर जबरदस्त सस्पेंस बना हुआ था। चैनल के दो-चार लोगों को छोड़कर किसी को शो के बारे में नहीं पता था। जिस केबिन में शो का वीडियो एडिट हो रहा था, उसे काले कपड़े से ढक दिया गया था। वीडियो एडिटर का फोन ले लिया गया था, उसको चाय-नाश्ता केबिन में ही दिया जा रहा था। सस्पेंस में डूबे हर किसी को अब इन्तजार था रात 9 बजे का जब गैंगरेप वाली गुड़िया स्वर्ग से धरती पर उतरनेवाली थी। कुछ लोग तो उससे पूछने के लिए सवाल भी तैयार करने लगे थे।

"प्रदीप, चीयर्स।"

"चीयर्स, रागिनी डॉर्लिंग।"

शाम को प्रदीप और रागिनी जाम से जाम टकरा रहे थे। बुल्ला से बात करने के बाद पांडे ने तुरन्त रागिनी को एचआर से ऑफर लेटर भिजवाया, उसे समझाया कि आगे क्या कुछ करना है? रागिनी ने उस ऑफर लेटर को दिखाकर अपने चैनल के मैनेजमेंट से बात की। मैनेजमेंट ने उसकी सैलरी और पोस्ट डबल करके उसे रोक लिया। इधर प्रदीप की 'भारत टीवी' में सैलरी और पोस्ट डबल हो गई।

"दुआ कर। इस तरह का एक और केस लगे हाथों आ जाए तो एक और प्रमोशन मिल जाए।"

"बहुत बड़ा वाला कमीना है, तू प्रदीप।"

"तारीफ के लिए शुक्रिया हुजूरे आला! कमीना नहीं होता तो कामयाब कैसे होता? ये पैग मेरी कमीनगी के नाम। पैग खत्म कर और चल बलरामपुर को गोवा बनाया जाए।"

"गोवा?"

"हाँ याद है जब हम दोनों फिल्म फेस्टिवल कवर करने के लिए गए थे तब कितनी मस्ती की थी हम दोनों ने? बलरामपुर में भी गोवा का किस्सा दोहराएँ?"

प्रदीप रागिनी के करीब आने की कोशिश करने लगा, लेकिन रागिनी ने उसे कोई भाव नहीं दिया। प्रदीप आगे और चांस ले पाता, इसके पहले ही उसके फोन की घंटी बज उठी।

"सॉरी, रागिनी। लाइव के लिए ऑफिस से फोन आया है। तू आराम से पैग खत्म कर। मैं लाइव देकर आता हूँ।"

प्रदीप के बाहर निकलने से रागिनी ने राहत की लम्बी साँस ली। गोवा उसका पास्ट था, पांडे प्रेजेंट और फ्यूचर था। टाइम पास के लिए वो प्रदीप के लैपटॉप पर न्यूज देखने लगी। बलरामपुर केस को लेकर हर तरफ भूचाल मचा हुआ था। सोशल मीडिया पर रागिनी छायी हुई थी। रागिनी मंत्रमुग्ध होकर अपनी खबरें देख रही थी।

अचानक उसकी नजर डेस्कटॉप की एक फाइल पर पड़ी। प्रदीप

ने उस फाइल को money tree के नाम से सेव कर रखा था। money tree! रागिनी अपनी उत्सुकता रोक नहीं पाई। वैसे भी प्रदीप लाइव के लिए बाहर गया हुआ था। फाइल ओपन करने के साथ ही रागिनी फ्रीज हो गई! पाषाण प्रतिमा! वो इस मुद्रा में कब तक रही, खुद उसे पता नहीं। उसकी तंद्रा लौटी प्रदीप के वापस आने पर।

"रागिनी, ये क्या! तुमने मेरा लैपटॉप क्यों ऑन किया? फाइल क्यों देखी?"

प्रदीप दरवाजे से पागलों की तरह चिल्लाया। दौड़कर उसने रागिनी के हाथ से लैपटॉप छीना और फाइल को क्लोज कर दिया। रागिनी दूसरी दुनिया में थी। अजीब नजरों से प्रदीप को हाँफते हुए देख रही थी।

"रागिनी, दिस इज नॉट फेयर। तुम्हें इस तरह मेरा लैपटॉप देखने का कोई हक नहीं है।"

"प्रदीप, ये...! तू कर क्या रहा है?" काफी देर बाद नॉर्मल हुई रागिनी।

"मेरी बात छोड़ो, लेकिन तुमने मेरा लैपटॉप देखा क्यों? मेरी फाइल ओपन क्यों की? मुझे तुमसे ये उम्मीद नहीं थी रागिनी। खैर, अब वादा कर कि इसका जिक्र किसी से नहीं करेगी।"

"वादा पूरी बात सुनने के बाद करूँगी। पहले तू ये बता कि तू इसका क्या करनेवाला है?"

प्रदीप ने रागिनी को बहलाने की पूरी कोशिश की, लेकिन रागिनी जिद पर अड़ी रही। प्रदीप समझ गया कि ये पूरी बात जाने बिना खामोश नहीं बैठेगी और अगर ये खामोश नहीं रही तो फिर उसका पूरा खेल खराब हो जाएगा। लाचार होकर उसे रागिनी को पूरी बात बतानी पड़ी।

"ओ माई गॉड!! प्रदीप तू पत्रकार है या फिर...इस लेवल पर जाकर गेम!"

"रागिनी, मैं क्या कर रहा हूँ, वो मेरा हेडेक है। बस, तू वादा कर कि इसका जिक्र किसी से नहीं करेगी।"

"और तू इससे कमाएगा कितना, प्रदीप?"

"तुझे उससे क्या मतलब? वो मेरा बिजनेस है। बस, तू वादा कर कि किसी से इसका जिक्र नहीं करेगी। प्लीज, रागिनी..." प्रदीप रागिनी के सामने गिड़गिड़ा उठा।

"तू चाहती है तो फिर तू भी इस प्लान में शामिल हो जा। वैसे भी तुझे कुछ करना नहीं है। सब कुछ मैं कर चुका हूँ। तू 2-4 लाख ले लेना मुझसे। बस, अपनी जुबान बन्द रखना।"

रागिनी ने प्रदीप के ऑफर का जवाब नहीं दिया। उसके दिलोदिमाग में कई तरह की बातें उठ रही थीं।

"2-4 लाख क्यों? फिफ्टी-फिफ्टी क्यों नहीं?" प्रदीप को रागिनी से इस जवाब की कतई उम्मीद नहीं थी। उसकी जुबान लड़खड़ा उठी।

"रागिनी, तू तो इस तरह का काम नहीं...!"

"बात सही है तेरी। मैंने कभी इस तरह का काम नहीं किया है, लेकिन शास्त्रों में लिखा गया है कि लुटेरे के धन को लूटने में कोई हर्ज नहीं हैं। ऐसी कमाई से परहेज करना बेवकूफी होगी और मैं उतनी बेवकूफ हूँ नहीं, जितना तू मुझे समझता है। जितना कमाएगा, चुपचाप उसका आधा हिस्सा दे देना।"

"नमस्कार। मैं हूँ गैंगरेप की शिकार गुड़िया। सभी लोगों को मेरा प्रणाम, आदाब, सत् श्री अकाल...

जिस किसी की नजर 'भारत टीवी' पर पड़ी वो हिल उठा! गैंगरेप की शिकार गुड़िया LIVE! सफेद ड्रेस, हाथ जुड़े हुए, आँखों में आँसू ,आसपास हल्का अँधेरा! अचानक स्क्रीन पर से गुड़िया गायब हो गई। सामने आया एंकर अमन।

"दोस्तो, 'गैंगरेप की कहानी, गुड़िया की जुबानी' सुनाने से पहले मैं

आपको एक खास बात बताना चाहता हूँ। आपमें से हर किसी के मन में ये सवाल उठ रहा होगा कि गुड़िया हमारे स्टूडियो में कैसे? जो गुड़िया कुछ दिनों पहले ही पूरे देश को रुलाकर वहाँ चली गई, जहाँ से लौटकर कोई नहीं आता, वो गुड़िया इस वक्त हमारे स्टूडियो में कैसे?"

अमन का प्रवचन जारी था। इधर पांडे शो प्रोड्यूसर के पीछे मुस्तैदी से डटा था।

"बढ़िया, बहुत बढ़िया। अब इसके बाद गुड़िया को ला। उसको अपनी दास्तान सुनाने दे।"

"सर, अभी ये न बताएँ कि वो कैसे आई?"

"पागल हुआ है क्या? सुनते ही पब्लिक भाग जाएगी। अमन को बोल कि वो सस्पेंस नोट पर अपनी बात खत्म करे और गुड़िया को बोलने के लिए इन्वाइट करे।"

अमन ने वही किया जो पांडे चाह रहा था।

"दोस्तो, शो के आखिर में हम आपको बताएँगे कि कैसे हमने गुड़िया को स्वर्ग से अपने स्टूडियो में बुलाया है? लेकिन उससे पहले सुनिए गुड़िया आपसे क्या कह रही है? गुड़िया प्लीज।"

अमन की बात खत्म होने के कुछ सैकेंड बाद गुड़िया फिर सामने आ गई। हल्की नीली लाइट के बीच वो रो-रोकर अपनी दास्ताँ सुनाने लगी। बताने लगी कि वारदात की रात उन चार दरिन्दों ने कैसे उसकी अस्मत को तार-तार करके रख दिया था।

"बहुत बढ़िया। अब अमन को ला। कहला कि अब पब्लिक अपने सवाल गुड़िया से पूछ सकती है, लेकिन उससे पहले एक छोटा-सा ब्रेक।"

"पांडे सर, आज छोटा ब्रेक कहाँ? रोज तो 9 बजे के बुलेटिन में 2 मिनट का ब्रेक होता है। आज तो 7 मिनट का ब्रेक है। सारे एड उठकर इसी शो में आ गए हैं। छा गए आज तो आप, पांडे बाबा।"

'टीम पांडे' अपने बॉस की तारीफ में कसीदे पढ़ रही थी। बुल्ला

अपने केबिन से निकलकर पांडे के पास पहुँच गया था। खुशी उसके चेहरे से टपक रही थी। आते ही उसने टीम पांडे को बधाई दी।

"सर, 15 मिनट गुजर गए हैं और अभी तक ये राज नहीं खुला है कि गुड़िया स्वर्ग से स्टूडियो आई कैसे? सारी पब्लिक इस सवाल का जवाब जानने के लिए हमारे चैनल पर नजर जमाए बैठी होगी, सर।"

"गुड जॉब, पांडे! 10 मिनट और गुजार दो, फिर टीआरपी के इतिहास में नया रिकॉर्ड बना दोगे।"

"आप निश्चिन्त रहें, सर। बुलेटिन के आखिर में ही मैं अपने पत्ते खोलूँगा।"

पूरे सस्पेंस पर से परदा हटाने के लिए आखिर में फिर सामने आया एंकर अमन। एक अद्भुत खोज के साथ।

"दोस्तो, अब मैं आपको बताता हूँ कि आखिर गुड़िया हमारे स्टूडियो में आई कैसे? लेकिन पहले आप ये बताइए, आपमें से कितने लोग प्राचीन भारत की रहस्यमयी विद्या प्लेन चिट के बारे में जानते हैं? जो जानते होंगे, उन्हें पता होगा कि इस विद्या के जरिए साधक आत्माओं से बात करते थे। धीरे-धीरे वो विद्या इस धरती से लुप्त हो गई थी, लेकिन हमें आपको ये बताते हुए खुशी हो रही है कि हमारे गुरु महाराज ने कड़ी तपस्या के बल पर उस विद्या को फिर जिन्दा कर लिया है। और केवल जिन्दा ही नहीं किया है, उसे उन्होंने और शार्प कर दिया है। पहले के साधक केवल आत्माओं से बात कर सकते थे, लेकिन हमारे गुरु महाराज, वही जो रोज आपको आपका भाग्यफल और राशिफ़ल बताते हैं, वो आत्माओं को सशरीर स्टूडियो में भी बुला सकते हैं।"

"भाग्यफल और राशिफल वाला बैंड चला। पब्लिक को बता कि वो सुबह कितने बजे गुरु महाराज से अपना भाग्यफल और राशिफल जान सकती है।"

पांडे शो के हर एंगल पर नजर रखे हुए था। उधर अमन अपना काम बखूबी कर रहा था

"मैं महाराज को आपके सामने आमंत्रित करता हूँ। वो खुद अपनी जुबानी बताएँगे कि कैसे उन्होंने गुड़िया को स्टूडियो में आने के लिए राजी किया?"

"गजब सर! अब हुआ शो मुकम्मल! सारे सवालों के जवाब मिल गए। वैसे डाऊट दूर करने के लिए पब्लिक को गुरु जी से भी सवाल पूछने के लिए कहूँ?"

"पागल हुआ है क्या? चार सवाल में ये गुरुघंटाल एक्सपोज हो जाएगा। दो-तीन मिनट में हटा देना इसे। और सुन, वो जो नाट्य रूपांतरण का चकरी शो के बीच में घूमाए हो, उसी को लगाकर शो को यू-ट्यूब पर डालना। कल होकर किसी कानूनी झमेले में फँसेंगे तो वही नाट्य रूपान्तरण हमारी जान बचाएगा।"

बलरामपुर गैंगरेप के चार गुनहगार

किसी ने नहीं सुनी पीड़िता की गुहार

उस काली रात की कहानी

तीसरी आँख की जुबानी

'हिन्दुस्तान न्यूज' पर, रात 9 बजे

कैमरा बोलेगा, गैंगरेप का सच खोलेगा

अगले दिन बुल्ला और पांडे की नजर टीवी स्क्रीन से चिपकी हुई थी। 'हिन्दुस्तान न्यूज' का प्रोमो हथौड़े की तरह उन दोनों के दिलोदिमाग पर चोट कर रहा था, लेकिन कमरे में पिन ड्रॉप साइलेंस था। इस मुद्दे पर काफी देर तक दोनों के बीच बातचीत हो चुकी थी, लेकिन दोनों किसी नतीजे पर नहीं पहुँच पाए थे। दूसरे राऊंड की बात बुल्ला ने शुरू की।

"इस वीडियो के दम पर 'हिन्दुरतान न्यूज' आज की सारी टीआरपी बटोर ले जाएगा।"

"और केवल आज की नहीं सर, आगे की भी। वो इस वीडियो को कई दिनों तक दिखाएगा।"

"सही कह रहे हो, लेकिन किया क्या जाए? वो रेट इतना हाई चार्ज कर रहा है कि..."

"एक बार और ट्राई करें सर? 'हिन्दुस्तान न्यूज' को वो वीडियो बेच ही चुका है। अब शायद रेट कुछ कम कर दे।"

बुल्ला के पास सुबह-सवेरे एक फोन आया था, इस दावे के साथ कि उसके पास गैंगरेप वाला वीडियो है। फोन करने वाले के मुताबिक जिस वक्त चारों दरिन्दे लड़की को पकड़कर ले जा रहे थे, उस वक्त वो पास के खेत में मौजूद था। अकेला होने की वजह से वो लड़की को बचाने सामने नहीं आया, लेकिन उसने लड़की को पकड़कर ले जाते हुए उन चारों दरिन्दों का वीडियो जरूर बना लिया। वो शख्स वही वीडियो बुल्ला को बेचना चाह रहा था।

वीडियो कॉल के जरिए उसने बुल्ला को वीडियो की झलक भी दिखा दी थी, लेकिन बुल्ला उस वीडियो की वो कीमत नहीं लगा पाया, जो वो शख्स चाह रहा था। वो 25 लाख से कम में वीडियो देने के लिए तैयार नहीं था। बुल्ला 15 लाख तक देने के लिए तैयार था। बुल्ला से बात नहीं बनी तो उस शख्स ने वीडियो 'हिन्दुस्तान न्यूज'वालों को बेच दिया। वीडियो हाथ में आने के साथ ही 'हिन्दुस्तान न्यूज' ने हाहाकारी प्रोमो उतार दिया। प्रोमो देखने के बाद बुल्ला ने पांडे के साथ आपात बैठक शुरू की।

"बात करो। वो 20 तक भी मान जाए तो डन कर दो।"

बुल्ला से नम्बर लेने के बाद पांडे ने उस शख्स को फोन किया। थोड़ी देर तक दोनों में मोल-भाव होते रहा और आखिर में 20 लाख पर डील फाइनल हो गई। 2 घंटे के अन्दर उस शख्स के पास कैश पहुँच गया और गैंगरेप का वीडियो पांडे के पास पहुँच गया। पांडे चहकता हुआ न्यूज रूम में पहुँचा।

"जिस वीडियो के दम पर त्यागी उछल रहा था, अब वो वीडियो अपने पास भी है।"

"क्या बात कर रहे हैं, सर? वीडियो अपने पास भी आ गया?" पांडे के गुर्गे तेजी से उसके पास जमा होने लगे। "अब आएगा मुकाबले में मज़ा।"

पांडे के रणबाँकुरे हुंकार भरने लगे। उधर टीम त्यागी भी मुकाबले के लिए अपने अस्त्र-शस्त्र तेज कर रही थी।

"सर, एक प्रॉब्लम है।" 9 बजे का प्रोड्यूसर त्यागी की तरफ मुड़ा।

"क्या?" 'प्रॉब्लम' शब्द सुनते ही त्यागी झल्ला उठा। वो वीडियो से खेलने की रणनीति बनाने में जुटा था, लेकिन बीच में ही उसकी क्रिएटिविटी पर लड़के ने ब्रेक लगा दिया।

"सर, वीडियो में ऑडियो नहीं है। ये देखिए। पूरे वीडियो में कहीं भी ऑडियो नहीं है।"

"दूर से शूट किया होगा। ऑडियो रिकॉर्ड नहीं हो पाया होगा।"

"हाँ सर, लेकिन बिना ऑडियो के मजा नहीं आएगा। लड़की की चीख-पुकार से ही तो माहौल बनता।"

"सही कह रहा है। ऐसा कर, नेट से किसी लड़की की चीख-पुकार का ऑडियो उठा और इस वीडियो में पेस्ट कर दे। और वीडियो को थोड़ा ब्लर कर दे।"

"सर, वीडियो तो पहले से ही ब्लर है।"

"हाँ लेकिन थोड़ा और कर दे। गैंगरेप का मामला है। संवेदनशील मामला है। नीचे पट्टी में ये जरूर लिख देना कि 'हिन्दुस्तान न्यूज' इस वीडियो की सत्यता स्थापित नहीं करता है। एंकर से भी कहला देना। नहीं तो कुछ गड़बड़ हो गया तो महिला आयोग से लेकर मानवाधिकार आयोग, थाना पुलिस से लेकर कोर्ट-कचहरी, सब पीछे पड़ जाएँगे। सब मिलकर हमारी हालत खराब कर देंगे।"

तीन महीने पहले बुरा फँसा था त्यागी। पुलवामा में एनकाउंटर चल

रहा था। सुरक्षाबल आतंकवादियों को घर में घेरे हुए थे। उसी दौरान वहाँ के एक लोकल लड़के ने सोशल मीडिया पर लाइव एनकाउंटर दिखाना शुरू कर दिया। चैनलवालों की नजर उस पर पड़ी तो सब गिद्ध की तरह टूट पड़े। लाइव एनकाउंटर की तस्वीर सबसे पहले 'हिन्दुस्तान न्यूज' पर, लाइव एनकाउंटर की तस्वीर सबसे पहले 'भारत टीवी' पर। हर चैनल सबसे पहले तस्वीर दिखाने का दावा करने लगा।

बाद में ये मामला कोर्ट पहुँच गया। आरोप लगा कि चैनलवालों के लाइव प्रसारण से सुरक्षाबलों की जान खतरे में आ गई थी। दूसरे आतंकवादी उनके लाइव प्रसारण को देखकर सुरक्षाबलों पर हमला कर सकते थे। कोर्ट ने आरोप को सही माना और फिर पूछना शुरू किया कि किस चैनल ने सबसे पहले लाइव प्रसारण किया था? वहाँ सबसे पहले लाइव एनकाउंटर दिखाने का दावा करनेवाले सारे चैनल 'हमने तो सबसे आखिर में दिखाया था' की गुहार लगाने लगे। त्यागी सबसे पहले दिखाने का दावा ठोकने में भी आगे था और कोर्ट में सबसे आखिर में दिखाया कि गुहार लगाने में भी आगे था।

"प्रदीप, तेरा आइडिया तो कामयाब हो गया! वीडियो बेचकर 40 लाख बना लिया।"

"यस। 40 लाख आ गए अपने पास!"

"20 तेरे, 20 मेरे! चीयर्स!"

"कुछ कम कर ले। आइडिया मेरा, मेहनत मेरी, तू बस...!"

"किस्मत कनेक्शन इसे ही कहते हैं, बेटा। चल, चुपचाप पैग उठा। चीयर्स।"

उसी रात रागिनी और प्रदीप फिर जाम से जाम टकरा रहे थे। वीडियो बनाने में प्रदीप को ज्यादा मेहनत नहीं करनी पड़ी थी। नेट पर उसने एक

ऐसा वीडियो तलाशा था, जिसमें चार आदमी एक लड़की को पकड़कर खेतों में ले जा रहे थे। उसी वीडियो को उसने इस अन्दाज में ब्लर कर दिया कि न तो लड़की की पहचान हो रही थी, न ही उसे ले जा रहे आदमियों की। वैसे भी रात के अँधेरे में किसी की शक्ल-सूरत ठीक से दिखने का सवाल ही नहीं था। उसी वीडियो को बलरामपुर गैंगरेप का वीडियो बताकर उसने बेच डाला था।

वीडियो पर डील करने में भी प्रदीप को ज्यादा दिक्कत नहीं हुई। उसने अपने एक विश्वासी आदमी को दोनों चैनलों से डील कराने में लगाया था। वो आदमी प्रदीप के इस तरह के काम पहले भी कर चुका था और इस बार भी उसने अपना काम बखूबी निभाया।

"एक-दो और इस तरह की डील हो जाए तो नौकरी की किचकिच छूटे। अपना फॉर्महाऊस खरीदकर ऐश करूँगा।"

"अपनी नई आइटम के साथ? है कहाँ वो तेरी कैमरामैन? दिख नहीं रही है।"

"अब तू आ रही थी तो उसे फिल्म देखने भेज दिया। शास्त्रों में कहा गया है कि एक म्यान में दो तलवार और एक बिस्तर पर दो बालिका नहीं रखनी चाहिए।"

"क्या बात है कमीने? आज अपनी आंटी पर ही चांस ले रहा है? थोड़ा सुधर जा, ला सिगरेट निकाल।"

सिगरेट सुलगाने के साथ दोनों रूम से बाहर निकल आए। दोनों अन्दर से खुश थे। प्रदीप खुशी के इस मौके को डबल खुशी में बदलने के लिए मचल रहा था। प्रदीप रागिनी के करीब आने लगा था, लेकिन रागिनी की नजर उस पर नहीं, अपने मोबाइल पर थी। चन्द सैकेंड पहले उसके मोबाइल पर एक वीडियो आया था। उस वीडियो को देखते ही वो फ्रीज हो गई थी।

"क्या हुआ, रागिनी! क्या हो गया तुझे? तेरे चेहरे का रंग क्यों उतर गया?"

प्रदीप रागिनी की हालत देखकर चौंका। रागिनी पहले की तरह खामोश रही। चुपचाप उसने अपना मोबाइल प्रदीप के सामने कर दिया। प्रदीप की नजर वीडियो पर पड़ी तो वो भी स्टैच्यू बन गया। वीडियो में दोनों गैंगरेप वाले फर्जी वीडियो के बारे में बात कर रहे थे।

"प्रदीप सर...रागिनी मैडम, आप दोनों बिलकुल चिन्ता मत कीजिए। हम दोनों मैटर सँभाल लेंगे।"

"हाँ सर, बस आप दोनों हौसला बनाए रखिए।"

'भारत टीवी' और 'हिन्दुस्तान न्यूज' के दोनों स्ट्रिंगर पहुँचे थे प्रदीप के होटलवाले कमरे में। रागिनी से बहुत देर तक सलाह-मशविरा करने के बाद प्रदीप ने उन दोनों को बुलाने का फैसला किया था। दोनों लोकल थे और प्रदीप वीडियो देखते ही समझ गया था कि इसे बनाने में लोकल बन्दे हो इन्वॉल्व हैं। अब वो लोकल लेवल पर ही इस मामले को सॉल्व करने की कोशिश कर रहा था।

"सर, ये वीडियो तो बना है इसी कमरे में। आप खुद देख सकते हैं कि उसी दिन का वीडियो है जिस दिन आप दोनों ने यहाँ पार्टी की थी।"

"वो तो मैं भी समझ रहा हूँ, लेकिन वीडियो बना कैसे?"

"अरे सर, ये बलरामपुर है। हर होटल के कमरे में हिडेन कैमरा लगा हुआ है।"

"वो क्यों?" रागिनी ने तेजी से पूछा

"अरे मैडम, यंग कपल यहाँ आकर रुकते हैं। हनीमून वाले लोग आते हैं। कॉलेज के लड़के-लड़कियाँ आते हैं। अब उनके बीच...आप समझ रही हैं न?"

रागिनी सब समझ गई। खामोश हो गई। इस तरह की खबरें उसने पढ़ रखी थीं।

"लेकिन आप चिन्ता मत कीजिए। हमें बस दो-चार घंटे दीजिए। हम वीडियो बनानेवाले को आपके सामने हाजिर कर देंगे। उनसे आपके सामने कान पकड़कर उठक-बैठक कराएँगे। ऐ, फोन लगा होटल मालिक के लौंडे को। मुझे तो लग रहा है, उसी का हाथ है। बोल कि अपने बॉस का मामला है। सर लोग उसके होटल का लाइसेंस कैंसिल करा देंगे।"

'भारत टीवी' का स्ट्रिंगर किसी को फोन करने लगा। इधर 'हिन्दुस्तान न्यूज' का स्ट्रिंगर किसी और को फोन कर रहा था। थोड़ी देर बाद 'भारत टीवी' का स्ट्रिंगर वापस कमरे में पहुँचा।

"सर, वीडियो बनानेवाले का तो पता चल गया।"

"कौन है वो?" प्रदीप और रागिनी तेजी-से उसके पास पहुँचे।

"इसी होटल का वेटर है, सर। वीडियो लेकर फरार हो गया है। बड़ी मुश्किल से ट्रेस हो पाया है। आप दोनों को पार्टी मनाते हुए देख लिया था उसने। वीडियो बना लिया और अब टुकड़ों-टुकड़ों में जारी करने की धमकी दे रहा है।"

"आप कहें तो पुलिस को बुलाएँ, लेकिन फिर उसमें पूरा वीडियो..." दूसरा स्ट्रिंगर पहले वाला से ज्यादा सीरियस था।

"नहीं, नहीं। पुलिस को इन्वॉल्व मत करो। बात फैल जाएगी।" रागिनी जल्दी- से बोली।

"वैसे हमने उसे वीडियो देने के लिए तैयार कर लिया है सर, लेकिन वो 25 से कम पर तैयार नहीं हो रहा है।"

"25! मीन्स 25 लाख?"

"हाँ सर, अब ऐसे मामलों में हजार में कौन बात करता है?"

मोलभाव का एक और राउंड चला। उसके बाद डील 20 लाख पर क्लोज हुई। 10 प्रदीप, 10 रागिनी। 10 लाख निकलने का दोनों को गम था, लेकिन एक सन्तोष भी था कि 10-10 लाख दोनों के बच गए। स्ट्रिंगरों ने सीडी उन्हें वापस दी, इस दावे के साथ कि इसकी कोई और कॉपी नहीं है। ये प्रण भी लिया कि वो उस होटल स्टाफ को जरूर सबक सिखाएँगे।

होटल से निकलकर दोनों एक ढाबे पर पहुँचे। जोरदार चीयर्स हुआ, साथ ही जीत का जयघोष।

"कमीने हमारी सजाई सेज पर दोनों सुहागरात मना रहे थे। खबर हमारी, खेल रहे थे ये दोनों। अब जाएँ दिल्ली साले।"

"और जाते-जाते हमें 20 लाख थमा भी गए। चीयर्स!"

एक फोन कॉल से दोनों दोस्तों के रंग में भंग पड़ गया। 'हिन्दुस्तान न्यूज' के स्ट्रिंगर की घंटी बजी थी। मोबाइल स्क्रीन पर फोन करने वाला का नाम देखते ही वो एलर्ट मुद्रा में खड़ा हो गया।

"हाँ सर, आदेश कीजिए, सर। क्या आप बलरामपुर में हैं? कब आए? अभी आता हूँ, सर। बस, आधा घंटा। उतना ही समय जितना आपके पास पहुँचने में लगेगा सर। हाँ सर, भागकर आता हूँ।"

"अब बताओ रागिनी, कुछ कहना है तुम्हें?"

ठुल्ला के सामने बैठी रागिनी काँप रही थी। सामने वही वीडियो था जिसको दिखाकर स्ट्रिंगरों ने उससे 20 लाख वसूले थे।

पूरा कारनामा त्यागी का था। त्यागी से भी ज्यादा उसके भतीजे का। उसे इस टाइप के वीडियो देखने का शौक था। जब चैनल पर सो कॉल्ड बलरामपुर गैंगरेप वाला वीडियो चला तो उसे झटका लगा। "वीडियो तो कहीं का देखा हुआ लग रहा है" बुदबुदाते हुए वो वीडियो को देखता रहा। वीडियो ब्लर किया हुआ था, लेकिन भतीजा ऐसे मामलों में पारखी नजर रखता था। बुलेटिन खत्म होने के बाद वो इंटरनेट पर लग गया। तीन-चार घंटे की मेहनत के बाद उसने वो वीडियो खोज निकाला, जिसको ब्लर करके प्रदीप ने गेम किया था।

भतीजे की जुबानी, वीडियो की काली कहानी सुनने के बाद त्यागी रात में ही कार लेकर बलरामपुर रवाना हो गया। साथ में उसका वही

भतीजा, लेकिन वहाँ भतीजे को हॉकी स्टिक निकालने की नौबत नहीं आई। बलरामपुर का स्ट्रिंगर त्यागी का प्रताप जानता था। त्यागी को देखते ही टूट गया। तोते की तरह पूरी कहानी बताने लगा। दो घंटे बाद त्यागी वहाँ से निकला तो वो वीडियो उसके मोबाइल में था, जिसमें प्रदीप और रागिनी का काला चिट्ठा था। त्यागी ने वो वीडियो ठुल्ले को दिया और उस वीडियो को देखने के साथ ठुल्ला ने रागिनी को अपनी केबिन में बुला लिया।

"सर..."

"सर? इस वीडियो को देखने के बाद भी तुम 'सर' बोल रही हो? इसके आगे भी कुछ बोलने की सोच रही हो क्या? वाकई, कुछ स्पेशल चीज हो तुम, रागिनी।"

"सर, एक मौका दें। मैं मानती हूँ मुझसे भूल..."

"भूल? तुम इसे भूल कहती हो? ये तो क्राइम है, क्राइम! अब पुलिस और कोर्ट-कचहरी में क्या सफाई देना है, इसकी तैयारी करो। पुलिस कुछ देर में पहुँचनेवाली है।"

रागिनी की आँखों से आँसू छलक उठे। पुलिस, कोर्ट-कचहरी! रो पड़ी वो।

"और तुम्हारी जानकारी के लिए बता दूँ कि चैनल तुम्हारा ये वीडियो सोशल मीडिया पर डालने जा रहा है, इस सफाई के साथ कि तुम्हारी करतूत की वजह से चैनल ने वो गलत वीडियो चलाया। इस पूरे एपिसोड में चैनल की कोई गलती नहीं है, फिर भी चैनल की एक एम्पलॉई ने जो साजिश की है, उसके लिए चैनल को खेद है। चैनल ने कानून का साथ देते हुए उस एम्पलॉई को कानून के हाथों में सौंप दिया है। कम से कम 5-6 सालों के लिए तुम अन्दर जाओगी, रागिनी।"

"सर, प्लीज..." रागिनी की आँखों के आगे अँधेरा छा गया। एक बार सोशल मीडिया पर वीडियो वायरल हुआ, एक बार वो जेल चली गई तो फिर उसके बाद उसके पर्सनल और प्रोफेशनल लाइफ का क्या होगा, इसका अन्दाजा था उसे। काफी समय तक वो ठुल्ला के आगे गिड़गिड़ाती रही।

"चलो, तुम कहती हो तो तुम्हें एक मौका देकर देखता हूँ।"

"थैंक्यू सर, थैंक्यू सर!" रागिनी की आवाज की रौनक लौटी। आँखों में चमक भी दिखी, लेकिन बस चन्द सैकेंड के लिए।

"लेकिन समझ में नहीं आ रहा है कि तुम्हें कैसे प्रोटेक्ट करूँ? तुमको लेकर शुरू से मेरे मन में एक सॉफ्ट कॉर्नर रहा है, लेकिन मामला ऐसा पेचीदा है कि...। अच्छा ऐसा करो, शाम को फार्महाउस पर मिलो। वहीं देखते हैं, क्या किया जा सकता है?"

"सर...!" फार्महाउस सुनते ही रागिनी चौंकी। वो ठुल्ले के फार्म हाऊस के कई सारे किस्से सुन चुकी थी। उसकी अय्याशी का अड्डा था वो।

"तुम्हारी मर्जी। कोई जोर-जबरदस्ती नहीं है। मैं तो तुम्हारी भलाई के लिए ये बात कह रहा हूँ। बाकी पुलिस और सोशल मीडिया पर तुम्हारे वीडियो का ऑप्शन तो मेरे पास खुला हुआ है ही। शाम तक का समय है तुम्हारे पास।"

रागिनी बिना कुछ बोले केबिन से बाहर निकली। आँसू पोंछे। बाथरूम में जाकर चेहरा धोया। एक गिलास पानी गटकने के बाद खुद को किसी तरह नियंत्रित किया और लड़खड़ाते कदमों के साथ ऑफिस से बाहर निकली। एक नई जिन्दगी की शुरुआत के लिए वो खुद को तैयार कर रही उसकी तस्वीर काफी धुँधली थी, लेकिन उस तस्वीर के एक हिस्से में पांडे जरूर था।

"पांडे, अब क्या होगा? ये मालवीय तो मुझे खुलेआम ब्लैकमेल कर रहा है।"

ऑफिस से बाहर निकलने के बाद रागिनी पांडे के पास पहुँची। रोज की तरह आज दोनों गुप्ता जी की चाय दुकान पर नहीं, अट्टा के

एक रेस्तराँ में बैठे थे। वहाँ रागिनी ने मालवीय वाली पूरी बात उसे बताई। रागिनी को उससे सहानुभूति की उम्मीद थी, लेकिन पांडे ने उसकी उम्मीदों पर पानी फेर दिया।

"ये तो होना ही था, रागिनी। काम भी तो तूने ऐसा ही किया है। और इतनी बड़ी बात तूने मुझसे भी छुपा ली। एक बार हिंट तक नहीं दिया?"

"प्रदीप ने बात को बस हम दोनों के बीच रखने को कहा था। उस कमीने की बातों में आकर..."

"उसे क्यों गाली दे रही है? तू कोई बच्ची नहीं!"

रागिनी खामोश हो गई। उसे अपनी गलती का अहसास हो रहा था । चुपचाप चाय पीती रही। थोड़ी देर बाद प्रदीप का खयाल आया।

"तुम्हारे चैनल में क्या हुआ? प्रदीप पर भी कोई ऐक्शन हुआ क्या?"

"नौकरी गई उसकी। बुल्ला ने खड़े-खड़े चैनल से बाहर कर दिया।"

"वहाँ कैसे पता चला? यहाँ तो त्यागी ने ठुल्ला को..."

"ठुल्ला से बुल्ला तक पहुँच गया होगा।"

"क्या बात कर रहे हो? दोनों अभी टच में हैं?"

"आमतौर पर नहीं, लेकिन ऐसे मामलों में एक हो जाते हैं। ये बड़े लोगों की बातें हैं। हम जैसों के सिर के ऊपर से गुजर जाती हैं।"

रागिनी खामोश हो गई। चुपचाप कॉफी के घूँट भरने लगी। पांडे के चेहरे पर पहले से तनाव पसरा हुआ था।

"सॉरी, पांडे।"

"अब मुझे 'सॉरी' बोलने का क्या फायदा? बाई द वे, ये गोवा वाली बात क्या थी?"

"गोवा वाली बात? तूने वो वीडियो देखा है?"

"हाँ, त्यागी ने भेजा है। बधाई सन्देश के साथ।"

पांडे ने आगे वीडियो रागिनी के सामने कर दिया। पूरा वीडियो नहीं था, केवल गोवा वाली बातचीत का हिस्सा था।

"पांडे...!"

वीडियो देखने के बाद रागिनी कुछ कहना चाह रही थी, लेकिन उसे समझ में नहीं आ रहा था कि कहे तो क्या कहे? पांडे खामोशी से सिगरेट के कश ले रहा था। रागिनी थोड़ी देर तक कशमकश में रही। उसके बाद वो पांडे की तरफ मुड़ी तो उसके चेहरे पर एक रंग आ रहा था, एक जा रहा था।

"पांडे, ये सच है कि प्रदीप के साथ एक बार गोवा में...लेकिन पांडे ये तब की बात है जब तू लाइफ में नहीं आया था। बिलीव मी पांडे, उसके बाद कभी किसी के साथ कुछ नहीं...।"

पांडे पहले की तरह खामोश रहा। चुपचाप सिगरेट के कश लगाता रहा। कुछ सोचता रहा।

"प्लीज पांडे, कुछ तो बोल।"

"क्या बोलूँ? अब इसके बाद भी कहने को कुछ बाकी रह गया है क्या?"

"तो क्या हमारा रिलेशन...?" रागिनी की आवाज काँप उठी।

"दोस्ती बनी रहेगी, वो भी अगर तुम चाहोगी तो।"

रागिनी के कुछ कहने से पहले ही पांडे सीट छोड़ चुका था। रागिनी उसके पीछे-पीछे आई जरूर, लेकिन उसकी कार में सवार हुई नहीं। ऑटो ले लिया उसने। दोनों के दिलोदिमाग में अन्धड़ चल रहे थे। दोनों को नहीं पता था कि अगला पल उन्हें जिन्दगी के किस मोड़ पर ले जाने वाला है?

"गुप्ता जी, आपने गोवर्धन बाबा के किस्से का आखिरी अध्याय तो आज तक नहीं बताया।"

"क्या, रागिनी जी?"

पांडे के ऑफिस जाने के बाद रागिनी अपने कमरे में लौट आई। बिना खाए-पिए बिस्तर पर करवट बदलती रही। मालवीय के फार्म हाऊस का ऑफर, पांडे की कही बात! दोस्ती बनी रहेगी। वो भी अगर तू चाहेगी तो! मतलब पांडे की तरफ से चैप्टर क्लोज? रागिनी का दिल इस सत्य को स्वीकारने के लिए तैयार नहीं था, लेकिन दिमाग की राय वही थी जो पांडे की जुबाँ पर आ चुका था। दिल और दिमाग के द्वन्द्व में फँसी रागिनी की बेचैनी जब ज्यादा बढ़ गई तो वो गुप्ता जी के पास पहुँची। चाय पीने के लिए नहीं, गोवर्धन बाबा के किस्से का अन्तिम अध्याय सुनने के लिए।

"उस औरत का क्या हुआ, गुप्ता जी जो ठुल्ला और बुल्ला की ज्वाइंट एकाउंट थी, जिसने आपके गोवर्धन बाबा को सेट कर दिया था।"

"अरे वो! वो तो मोहब्बत में मारी गई, रागिनी जी। बहुत दर्दनाक अन्त हुआ था बेचारी का। लीजिए, आप चाय लीजिए। पांडे बाबा की चाय निकाल दूँ या फिर उनके आने में अभी देरी है?"

"पांडे की चाय अब रहने दीजिए, गुप्ता जी। आप बस उस औरत का किस्सा बताइए।"

रागिनी की गम्भीर आवाज सुनकर गुप्ता थोड़ा चौंका, लेकिन उस मुद्दे पर उसने ज्यादा जोर नहीं दिया। प्यार-मोहब्बत में ये सब चलता रहता है। वो पूरी संजीदगी से उस औरत का आखिरी अध्याय पलटने लगा।

"हुआ ये था, रागिनी जी कि जब तक वो दिमाग से काम लेती रही, खुशहाल रही, तरक्की करती रही। जिस दिन दिल की बात सुन ली, बरबाद हो गई बेचारी। बहुत बुरा अन्त हुआ उसका।

"अपने आखिरी वक्त में गई थी गोवर्धन बाबा के पास। अपने गुनाहों की माफी माँगने। रो-रोकर पूरा किस्सा सुनाया था और अपने आँसुओं से उसने बाबा के पैर पखारे थे। बाबा ने भी उसे माफ कर दिया। बताया तो था, बाबा का दिल बहुत बड़ा था।

"उसका एक पुराना आशिक था, रागिनी जी। उसके कॉलेज के जमाने का दोस्त। कॉलेज के दिनों में दोनों प्यार-मोहब्बत के बड़े-बड़े वादे करते थे। बड़े-बड़े ख्वाब देखते थे। पढ़ाई के बाद अच्छी नौकरी करेंगे। खूब पैसे कमाएँगे। शादी करेंगे, ढेर सारे बच्चे पैदा करेंगे, लेकिन ये तब की बात है रागिनी जी, जब दोनों मेरठ के एक कस्बे में पढ़ते थे। गाँव से निकलकर दोनों शहर पहुँचे। शहर से राज्य की राजधानी, राज्य की राजधानी से देश की राजधानी।

"जगह बदलने से केवल हवा-पानी ही नहीं इनसान की सोच भी बदल जाती है। दोनों के दिल पर दिमाग हावी होने लगा। कॅरियर को तरजीह देने लगे। दिल्ली आने के बाद दोनों का मिलना-जुलना लगा रहा, लेकिन धीरे-धीरे दोनों के बीच दूरी बढ़ने लगी।

"लड़का ज्यादा तेज-तर्रार नहीं था। एक टुटपूँजिए अखबार में कलम घसीटता रह गया। लड़की टैलेंटेड थी, देखते-देखते मीडिया का चमकता चेहरा बन गई। बुल्ला और ठुल्ला को एक साथ साध लिया उसने। एक म्यान में दो तलवार रखने की कला सीख गई।

"लेकिन ये प्यार बड़ी बेकार चीज होती है, रागिनी जी। गोवर्धन बाबा कहते थे कि बुढ़ापे का प्यार और बुढ़ापे का दमा दम लेकर ही छोड़ता है, लेकिन मैं तो कहता हूँ कि सबसे खतरनाक होता है, इनसान का पहला प्यार। न आशिक को सजा सुनाता है, न बाइज्जत बरी करता है। और बीच-बीच में तो ऐसे हिलोर मारता है कि क्या कहिए? उस बेचारी के साथ यही हुआ, रागिनी जी।

"जब उसने गोवर्धन बाबा का पूरा माल समेट लिया। ठुल्ला और बुल्ला से पिंड छुड़ा लिया। पैसे से पेट भर गया तब उसे प्यार की याद आई। तब तक उसने शादी भी नहीं की थी तो फिर से अपने पुराने प्यार के पास पहुँच गई।

"लेकिन लौंडा तब तक शादी कर चुका था। एक बेटी भी थी उसकी, लेकिन पैसे का पॉवर तो आप जानती ही हैं, रागिनी जी। तलाक करा दिया

उसने। उस लड़के को घर जमाई नहीं, घर दूल्हा बनाकर ले आई। कुछ दिनों तक तो सब ठीक रहा, रागिनी जी लेकिन फिर मर्दों की वही सामन्तवादी सोच। जो कल तक मेरे नीचे रहती थी, अब ऊपर कैसे?

"मीडिया में रहते-रहते लड़का चालू भी हो चुका था। इधर लड़की उसके प्यार में खोयी हुई थी। सारा धन्धा वही सँभालता था। धीरे-धीरे उसकी प्रॉपर्टी समेटने लगा। लड़की जब तक सँभलती, तब तक सब कुछ उसके हाथ से निकल चुका था।

"कुछ दिनों बाद लड़का अपनी पहली बीवी और अपनी बेटी के पास चला गया। कुछ लोग तो कहते हैं कि उसने असल में तलाक लिया भी नहीं था, बस रागिनी को दिखाने के लिए तलाक के फर्जी कागजात तैयार करा लिए थे।

"अब असल में क्या हुआ, किसी को नहीं पता रागिनी जी लेकिन कहानी यही है उस लड़की की। पहले उसने गोवर्धन बाबा को लूटा, लेकिन बाद में खुद भी लुट गई। दिमाग से दुनिया लूट ली उसने, लेकिन दिल के हाथों खुद लुट गई! अरे रागिनी जी, आपको क्या हुआ? आपकी आँखों में आँसू क्यों?"

"कुछ नहीं गुप्ता जी, एक कंकड़ पड़ गया था। थैंक्यू गुप्ता जी! आँखें खोल देने वाली इस कहानी के लिए।"

"गर्लफ्रेंड की मदद के लिए अपने चैनल की गुप्त जानकारी तुम उसे कैसे दे सकते हो, पांडे? ये तो चैनल के साथ विश्वासघात है।"

बुल्ला की नजर में पांडे ने डबल विश्वासघात किया था। एक तो चैनल के साथ, दूसरा पिंकी के साथ। रागिनी और पांडे के रिश्ते की खबर थी उसे, लेकिन साँड़ के खुले खेत में इधर-उधर मुँह मारने से परेशान होनेवाला शख्स नहीं था वो। बस शाम ढले साँड़ को अपने खूँटे पर पहुँच

जाना चाहिए, लेकिन यहाँ तो साँड़ खूँटा छोड़कर ही भाग रहा था।

बुल्ला के सामने उस वीडियो का एक दूसरा हिस्सा था। वीडियो का वह हिस्सा देखने के बाद पांडे अन्दर से हिल गया। अब तक उसका दिमाग गैंगरेप वाले फर्जी वीडियो और रागिनी के 'गोवा प्रकरण' में खोया हुआ था, लेकिन बुल्ला उसे कुछ और दिखा रहा था। प्रदीप के कागज को लेकर उसके और रागिनी के बीच जो कुछ बात हुई थी, उसे सुना रहा था वो।

"सर, मैंने ऐसा कुछ नहीं..."

"क्या ऐसा कुछ नहीं? सुनो ये रागिनी क्या कह रही है? साफ-साफ कह रही है कि तुमने उसे बताया है कि प्रदीप के कागज में कुछ नहीं है। बस, सादे कागज दिखाकर वो ब्लफ मार रहा है। क्या रागिनी झूठ बोल रही है?"

"नहीं सर, लेकिन मैंने उसे इस तरीके से नहीं बताया था।"

"किसी भी तरीके से बताया हो, लेकिन बताया तो था। तुम्हें पता है, केवल इस कागज वाले एपिसोड की वजह से चैनल की कितनी किरकिरी हुई है? सोशल मीडिया पर चैनल को गाली पड़ी थी, गाली।"

पांडे खामोश रहा। बुल्ला की बात गलत नहीं थी। थोड़ी देर बाद पांडे ने डैमेज कंट्रोल की आखिरी कोशिश की।

"सर, ये रागिनी और प्रदीप के आपस की बात थी। वीडियो में कई तरह की बातें की हैं उन दोनों ने।"

"मैंने सुना है। उनकी गोवा वाली बात भी सुनी है मैंने, लेकिन मुझे उन सब चीजों से कोई मतलब नहीं है। बस, दो चीजों से मतलब है मुझे—गैंगरेप का फर्जी वीडियो और ये फर्जी कागज वाला मामला। इन दोनों चीजों से मतलब इसलिए है क्योंकि इन दोनों का चैनल से मतलब है। पहले भी मुझे कई लोगों ने कहा था कि रागिनी तुम्हारी गर्लफ्रेंड है और तुम अपने चैनल की खबर उसे देते हो।"

"झूठ है सर ये। मैंने कभी ऐसा कुछ नहीं किया है।" पांडे तमतमा

उठा। "हर वक्त मैंने उसे कम्पीटीटर चैनल की एंकर की तौर पर ही देखा है।"

"लेकिन ये कागज वाली बात तो तुमने उसे बताई ही है। ये सारे सबूत तुम्हारे सामने हैं।"

"हाँ सर, मैं मानता हूँ कि मुझसे ये गलती हुई है। मैंने बातों-बातों मे रागिनी से इस बात का जिक्र कर दिया, लेकिन तब मुझे नहीं पता था कि वो इस मामले को यहाँ तक ले जाएगी।"

"तुमसे जानकारी के बाद क्या गेम खेल दिया उसने? लाइव में कागज दिखाने की चुनौती दे डाली। हमारे चैनल की क्रेडिबिलिटी को खत्म कर दिया उस लड़की ने। कितनी शातिर है वो और तुम उसकी मदद कर रहे थे? मुझे तुमसे ये उम्मीद नहीं थी पांडे। न तो मुझे, न ही पिंकी को...!"

"मालवीय, तेरा ये फार्म हाउस तो इतना खूबसूरत है कि मन कर रहा है यहीं रह जाऊँ।" सुबह बिस्तर पर अंगड़ाई लेते हुए रागिनी ने कहा। मालवीय चाय लेकर खड़ा था। रात में रागिनी उसके फार्महाउस पर ही रुक गई थी। कल शाम ढले जब उसने ठुल्ला को फोन किया तो उसने आगे की बातचीत के लिए उसे अपने फार्महाउस पर बुला लिया। पुलिस केस और वीडियो वायरल होने के खौफ से हल्कान रागिनी अन्तिम दम तक कोशिश करती रही कि मालवीय मान जाए। कई बार उसने माफी की गुहार लगाई, लेकिन मालवीय किसी सूरत पर उसकी समस्या को शराब और कबाब की टेबल पर सॉल्व करने के लिए तैयार नहीं हुआ। शबाब की समस्या को वो बिस्तर तक ले आया और वहीं देर रात उसने समस्या का सॉल्यूशन निकाला।

"तुम कुछ दिनों के लिए मेरी पर्सनल सेक्रेट्री के तौर पर काम करो।

बाद में जब मामला ठंड पड़ जाएगा तो फिर एंकरिंग शुरू कर देना।"

रागिनी खामोश रही। लिहाफ को गर्दन तक लपेटे ड्रिंक लेती रही। एक अजीब तरह की खामोशी पसरी हुई थी उसके चेहरे पर। बगल में खड़ा ठुल्ला अपनी उखड़ी साँसों को कंट्रोल करने में लगा था। थोड़ी देर बाद वो बिस्तर से उठा और एक तगड़ा पैग बनाकर फिर रागिनी के पास पहुँचा।

"रागिनी, डोंट वरी। पुरानी बातों को भूलकर नए सिरे से खुद को तैयार करो। तुम बहुत टेलेंटेड हो। बहुत पोटेंशियल है तुम्हारे अन्दर। बहुत आगे तक जाओगी तुम।"

रागिनी के होंठों पर अचानक कातिल मुस्कान तैर उठी। मुस्कराते हुए उसने अपना आखिरी पैग खत्म किया। मालवीय को वो पहले ही 'आप' से 'तुम' पर उतार चुकी थी। इस बार उसे 'तुम' से 'तू' पर उतार दिया।

"सही कह रहा है तू, मालवीय। अब मुझे भी लग रहा है कि अभी मुझे बहुत आगे का सफर तय करना है। बीच में मैं थोड़ा डगमगा जरूर गई थी, लेकिन अब सब ठीक है। चलो, सोते हैं। गुड नाइट।"

मालवीय की 'गुड नाइट' सुने बिना रागिनी लिहाफ लपेटकर सो गई।

सुबह चाय के प्याले के साथ मालवीय ने उसे जगाया। जब रागिनी ने खिड़की से बाहर देखते हुए उसके फार्महाउस की तारीफ करते हुए यहाँ रहने की इच्छा जताई तो वो गद्‌गद हो उठा।

"बेशक रहो। तुम इसे अपना ही फार्महाउस समझो।"

"सच कह रहा है या फिर यूँ ही मेरा दिल रखने के लिए?" रागिनी मुस्करा रही थी।

"अरे नहीं, बिलकुल सच कह रहा हूँ। वैसे भी मैं यहाँ अकेले ही रहता हूँ।"

"हाँ, बीवी तो तेरे साथ रहती है नहीं। आजकल कहाँ है वो? सुना है, किसी दूसरे से..."

"अब छोड़ो भी वो पुरानी बात। सुबह-सुबह मूड क्यों खराब कर रही हो? हसीन रात की सुबह भी उतनी ही सुहावनी होनी चाहिए।"

"तो सुहावनी सुबह में दूर क्यों खड़ा है मुझसे! बिस्तर पर आ, साथ चाय पीते हैं।"

रागिनी बिस्तर के एक कोने में चली गई। मालवीय गद्गद हो उठा। लिहाफ में उससे चिपककर बैठ गया। दोनों साथ चाय पीने लगे। मालवीय का मन फिर मचल उठा। रात की पारी को आगे बढ़ाने के लिए बेताब हो उठा, लेकिन इस बार रागिनी ने साथ नहीं दिया।

"मालवीय, अब पर्सनल सेकेट्री से कितने सुख लेगा? पत्नी बना लेता तो कुछ बात होती।"

"मतलब?" इस बार मालवीय चौंका। रागिनी की तरफ देखा तो वहाँ शरारत भरी मुस्कान नाच रही थी।

"मतलब क्या, मालवीय? तूने खुद कहा कि मैं यहीं रहूँ, तेरे फार्महाउस को अपना समझूँ। तो कोई पर्सनल सेकेट्री ऐसा कैसे सोच सकती है? ऐसे तो कोई पत्नी ही सोच सकती है।"

"तुम कहना क्या चाह रही हो?"

"वही जो तू समझ रहा है। मुझे 'पर्सनल सेक्रेट्री' वाला टैग पसन्द नहीं। हमारी सोसाइटी में पर्सनल सेक्रेट्री को अच्छी नजरों से नहीं देखा जाता। कई तरह की बातें होती हैं, लेकिन पत्नी को तो सब देवी का दर्जा देते हैं। अर्धांगिनी। तुम मुझे ये दर्जा दो तो मैं तुम्हारे फार्महाउस के साथ-साथ तुम्हें भी अपना समझूँ।"

"लेकिन तुम तो पांडे के साथ..."

"किसने कहा तुझे ये सब? सब बकवास है। मुझे बदनाम करने के लिए ये झूठ फैलाया गया है। पांडे बस दोस्त था, लेकिन अब तो वो भी नहीं रहा।"

"क्यों? क्या हुआ?" मालवीय नई जानकारी पर चौंका।

"अब छोड़ भी उसकी बात, जिस तरह मैंने तेरी पुरानी बात छोड़ दी। पत्नी की बात छोड़ दी, तू भी पांडे की बात भूल जा। ये बता, मेरे प्रस्ताव पर क्या कहता है?"

"लेकिन मेरी तो बेटी भी है, रागिनी।" थोड़ी देर की खामोशी के बाद हिचकिचाते हुए बोला मालवीय।

"वो तो लंदन में सैटल है। साल दो साल में पाँच-दस दिन के लिए आती होगी। उसे टैकल कर लूँगी मैं। डोंट वरी। ज्यादा दिक्कत होगी तो उतने दिन मैं अपने घर पर रह लूँगी। बस, तू अपनी बता।"

"रागिनी मैं..."

"आराम से, मालवीय। मुझे कोई जल्दी नहीं है। सोच लो, फिर फोन पर बता देना। रिलैक्स।"

चाय खत्म होने के बाद भी मालवीय सोचता रह गया। रागिनी रिलैक्स थी। चाय नाश्ते के बाद आराम से तैयार हुई और फिर फार्महाउस से निकली। अभी आधे रास्ते ही पहुँची थी कि मालवीय का फोन आया।

"रागिनी, मैंने काफी सोचा। हर नजरिए से तुम्हारे प्रपोजल पर विचार किया, पर मुझे नहीं लग रहा कि अब मुझे शादी करना चाहिए। सॉरी, अब शादी तो मुमकिन नहीं है, लेकिन..."

मालवीय कुछ और कहना चाह रहा था, लेकिन रागिनी ने उसे बीच में ही रोक दिया।

"कोई नहीं, मालवीय। वो तो तुमने जब मुझे सब कुछ अपना समझने के लिए कहा तो मुझे लगा कि तुम सही में मुझे अपना बनाने में इंट्रेस्टेड हो।"

"वो तो मैं हूँ रागिनी, लेकिन अब ये शादी का झंझट..."

"सही कह रहे हो, मालवीय। रिलैक्स। मै खुद इस झंझट से बहुत दूर रहनेवाली हूँ। लेकिन करूँ क्या? ये इंडियन सोसाइटी की ओल्डडेटेड सोच। एक अकेली लड़की को लोग चैन से रहने नहीं देते हैं।"

"तुम चिन्ता मत करो रागिनी, उस मामले में मैं तुम्हारे साथ हूँ। तुमको पर्सनल सेक्रेटी बना ही लिया है। आगे भी हर तरह से मदद करता रहूँगा, लेकिन अब ये शादी..."

"अरे, तुम क्यों इतना हर्ट हो रहे हो, मालवीय? रिलैक्स। चलो बाय।

एक वीडियो भेज रही हूँ। देखो उसे। मूड फ्रेश हो जाएगा।"

"वीडियो?" मालवीय चौंका।

"हाँ, अभी मैं उसी वीडियो को देख रही हूँ। मस्त वीडियो है। तुम भी हो उस वीडियो में। पहुँच गया होगा तुम्हारे मोबाइल में। देखो, इंज्वॉय करो। रात को आराम से बात करते हैं।"

"गुप्ता जी, पता है, आपके गोवर्धन बाबा ने जिन्दगी में सबसे बड़ी गलती क्या की?"

"बुल्ला और टुल्ला के फेर में फँसने की गलती, पांडे बाबा। और उसके बाद उन दोनों की आइटम के साथ रंगरेलियाँ। ये बात तो मैं गोवर्धन बाबा को भी बोल चुका हूँ।"

"नहीं, गुप्ता जी। ये तो मामूली बात है। ऐसी भूल-चूक तो किसी से भी हो जाती है। गोवर्धन बाबा ने वो गलती नहीं की थी, गुप्ता जी। लाइए, पानी की बोतल दीजिए। दो पैकेट नमकीन भी ले लीजिए और आप भी आइए गाड़ी में। दो-दो पैग लगाया जाए।"

"आज यहीं पर, बाबा! अकेले-अकेले! रागिनी जी?"

"छोड़िए उसकी बात। आज तक आप अपने गोवर्धन बाबा की बात बताते रहे। आज मैं आपको गोवर्धन बाबा के बारे में बताता हूँ, गुप्ता जी। आइए।"

पांडे ने कार का दरवाजा खोल दिया। गुप्ता जी पानी की बोतल और नमकीन के साथ कार में सवार हो गए। खामोशी से पैग बनाने लगे। समझ गए कि मामला कुछ ज्यादा सीरियस हो चला है। दिन में रागिनी ने चाय पर पांडे का इन्तजार नहीं किया और अब पांडे उसके बारे में सुनने को तैयार नहीं है। एक घूँट में पूरा पैग गले से उतारने के बाद पांडे 'गोवर्धन पुराण' पर उतरा।

"मुकाबला अधूरा छोड़ देने की गलती, गुप्ता जी। आपके गोवर्धन बाबा को ठुल्ला और बुल्ला को विश्वासघात की सजा देनी चाहिए थी।"

"मजबूरी में माफ किया था, पांडे बाबा। बताया तो था कि वो वीडियो-ऑडियो की बात उठी थी। पहले ही उनका बुढ़ापा बहुत खराब हो चुका था, लेकिन वो बात कुछ ही लोगों के बीच की थी। अगर वीडियो सामने आ जाता तो फिर गोवर्धन बाबा माला फेरने लायक भी नहीं बचते। अपने गाँव-जवार के बदले उन्हें किसी जंगल में अन्तिम साँस लेना पड़ता, बाबा।"

"लेकिन ये तो मैदान छोड़कर भागना हुआ, गुप्ता जी।"

"समझदारी भी कह सकते हैं। मैंने भी कुछ दिनों तक बुल्ला और ठुल्ला से मुकाबला करने की कोशिश की थी, लेकिन..."

"आपने! मतलब?"

"मैं भी तो गोवर्धन बाबा के चैनल में ही था, पांडे बाबा।"

"क्या बात कर रहे हैं?"

पांडे पीना भूल गया। हाथ का पैग हाथ में थामे रह गया। अक्सर वो और रागिनी चर्चा करते थे कि आखिर गुप्ता जी को मीडिया की इस दुनिया की इतनी बारीक समझ कैसे है? तब उन्हें लगता था कि लम्बे समय से फिल्म सिटी में रहते-रहते उन्हें मीडिया के गोरख-धन्धे का अन्दाजा हो गया होगा, लेकिन यहाँ तो खुद गुप्ता जी इसी फील्ड के पुराने खिलाड़ी निकले।

"सही कह रहा हूँ, पांडे बाबा। लम्बे समय तक मैंने वहाँ काम किया है। गोवर्धन बाबा मेरे काम से खुश भी बहुत रहते थे, लेकिन ऊपर की कुर्सी पाने लायक काबिलियत मैं पैदा नहीं कर पाया। खबरों की दुनिया में ही खामोशी से खोया रहा। जब तक गोवर्धन बाबा रहे, तब तक मैं किसी तरह चैनल में बना रहा, लेकिन उनके बाद बुल्ला और ठुल्ला मेरे पीछे पड़ गए। मैं बच-बचाकर नौकरी कर रहा था, लेकिन मेरी खामोशी को वो मेरी

कमजोरी समझ रहे थे। इसी गलतफहमी में एक दिन बुल्ला ने मेरी बहन से अपना रिश्ता जोड़ दिया। 'साला' कह दिया मुझे!

"अब पांडे बाबा, बायाँ हाथ मेरा शुरू से बहुत तेज चलता था। उस रोज मैंने उसे रोकने की बहुत कोशिश की, ईएमआई और बेटे की पढ़ाई का वास्ता दिया लेकिन वो सब अनसुना करके जवानी के दौर में पहुँच गया। बस, एक ही थप्पड़ लगाया था मैंने बुल्ला को, लेकिन उसकी गूँज पूरे मीडिया हाऊस में सुनाई पड़ गई।

"मीडिया की गिरफ्त में पूरी दुनिया रहती है, पांडे बाबा, लेकिन खुद इसकी मुट्ठी भर की दुनिया है। थप्पड़ की बात हर जगह फैल गई। कहीं नौकरी ही नहीं मिल रही थी। बाद में आधी सैलरी पर एक जगह नौकरी मिली, लेकिन वहाँ भी वही हाल। कुछ दिनों तक मैंने उस माहौल में एडजस्ट करने की कोशिश की, लेकिन फिर वही सुअर वाली सच्चाई मुझे दिखने लगी। सुअर से मुकाबले के लिए कीचड़ में उतरो, तो कीचड़ उसका तो घर-द्वार, लेकिन आप गन्दगी से परेशान! तब मुझे चाय बेचना ज्यादा पसन्द आया, पांडे बाबा।"

पांडे गुप्ता जी के दिए झटके-से मुश्किल से उबरा। घूँट भरते हुए गुप्ता जी की पत्रकारिता के किस्से सुनता रहा। उनकी दास्ताँ खत्म हुई तो उसने अपने मन की बात सामने रखी।

"लेकिन गुप्ता जी, मुझे तो चाय बेचना पसन्द नहीं है। मैं तो इसी मीडिया में..."

"दुनिया के सारे धर्म सत्य होते हैं, पांडे बाबा, बस सबका रास्ता अलग होता है। जिसको जहाँ खुशी मिले, वहीं सिर नवा देना चाहिए। कहीं खुशी नहीं मिले तो अपने रास्ते आगे बढ़ जाना चाहिए। नया धर्म पैदा कर देना चाहिए। आपको मीडिया की इस मगजमारी में खुशी मिलती है, लगे रहिए। रोक कौन रहा है? मैंने तो अपने बेटे तक को मीडिया में जाने से नहीं रोका।"

"मीडिया में आपका बेटा!"

गुप्ता जी आज पांडे को झटके पर झटके दे रहे थे। पहले खुद पत्रकारिता में और अब उनका बेटा मीडिया में! पांडे फिर पीना भूल गया, लेकिन गुप्ता जी पहले की तरह सुकून से घूँट भर रहे थे।

"अरे वही पांडे बाबा, जो पहले ऑफिस में आपको चाय पिलाता था। आपने ही तो उसे पत्रकार बनाया है। घर आकर आपको दमभर गाली देता है। ऑफिस में पक्का आपका टीटीएम यानी ताबड़तोड़ तेल मालिश करता होगा। सफल पत्रकार बनने के गुर तेजी-से सीख रहा है। सुनने में आया है कि इधर-उधर डील भी कराने लगा है। तेजी से तरक्की कर रहा है। उसकी माँ बड़े शान से कहती है—ये तुम्हारा नहीं, मेरा बेटा है। मानो, दहेज में उसको लेकर आई हो। अपने बेटे की बात सुनाकर मुझे बेवकूफ कहती है।"

"बेवकूफ...!"

"हाँ पांडे बाबा, ताने मारती है। कहती है कि मेरे साथ के लोग कहाँ से कहाँ पहुँच गए और मैं उस काम में लग गया जिसके बारे में वो किसी को बता भी नहीं सकती। बात सही है उसकी। दुनियादारी के हिसाब से मैं भी खुद को बेवकूफ ही मानता हूँ, पांडे बाबा। और ऐसा भी नहीं है कि चाय बेचकर अन्दर से बहुत खुश हूँ, लेकिन जमीर बेचने के धन्धे से ज्यादा अच्छा मुझे चाय बेचना लगता है। वहाँ की जलालत भरी जिन्दगी से कहीं ज्यादा अच्छी यहाँ की जहमतभरी जिन्दगी लगती है।

"पत्रकारिता का ट्रिपल पी—प्रेस्टीज, पॉवर, पैसा नहीं है मेरे पास, लेकिन एक चौथा पी—पीस, शान्ति, सुकून बहुत है। अब उसी में खुश हूँ। लाइए, गिलास दीजिए, पांडे बाबा। एक पैग और बनाता हूँ। आप तो तीन पर ही अटके हुए हैं।"

"चैनल की मालकिन बनने पर बहुत-बहुत बधाई।"

रागिनी मुस्करा उठी। खामोशी से पैग बनाने लगी। पांडे के साथ मुरथल के फार्महाउस पर थी वो। अपने अच्छे दिनों में अक्सर दोनों उसी फार्महाउस में छुट्टियाँ मनाते थे, लेकिन बलरामपुर कांड के बाद पहली बार यहाँ पहुँचे थे। उसी रोज दोपहर में पांडे ने रागिनी को चैनल की मालकिन बनने पर बधाई सन्देश भेजा था। जवाब में रागिनी ने पांडे को फार्महाऊस में मिलने के लिए बुला लिया। पांडे को पैग पकड़ाने के बाद उसने उसकी बधाई सन्देश का जवाब दिया।

"पांडे, तू मुझे मेरी शादी पर बधाई दे सकता है, लेकिन मैं तेरी तरह कमीनी नहीं हूँ जो तुझे नौकरी से निकाले जाने पर बधाई दूँ।"

पिछले दस दिनों में काफी कुछ हुआ था फिल्म सिटी में। बुल्ला ने चैनल से पांडे की छुट्टी कर दी थी, वहीं ठुल्ला ने रागिनी के साथ शादी रची ली थी। इन दोनों वाकयों को लेकर फिल्म सिटी में अफवाहों का बाजार गर्म था, लेकिन असल बात जिन दोनों को पता थी, वो इस वक्त मुरथल में जाम से जाम टकरा रहे थे।

"ऐसा कुछ नहीं है। तू भी मुझे नौकरी से मेरी छुट्टी पर बधाई दे सकती है। मैं जरा भी बुरा नहीं मानूँगा।"

"लेकिन मुझे बुरा लगेगा, पांडे। बताया तो मैं तेरी तरह कमीनी नहीं हूँ।"

"कमीना तो मैं भी खुद को नहीं मानता हूँ, रागिनी, लेकिन..."

"लेकिन क्या? मैं तो बुल्ला की बेटी के साथ तेरे रिलेशन जानने के बाद भी आगे बढ़ने के लिए तैयार थी।"

"बुल्ला की बेटी? मतलब?"

"वही जो तू समझ रहा है। उस रोज प्रदीप ने मुझे तेरे इस खेल के बारे में भी बताया था। बताया था कि तू जल्दी ही बुल्ला का दामाद बननेवाला है। वो बात रिकॉर्ड नहीं हो पाई थी। उस वक्त हम दोनों रूम से निकलकर बालकनी में चले आए थे सिगरेट पीने के लिए। रूम में एसी चल रहा थां।"

“देख रागिनी, ये सच है कि बुल्ला मुझे अपना दामाद बनाना चाहता था, लेकिन मैं बस नौकरी की वजह से उसे मना नहीं कर पा रहा था। मैं किसी और चैनल में अपनी व्यवस्था करने के बाद उसे तेरे बारे में बतानेवाला था। बात बस इतनी-सी थी जिसे प्रदीप ने नमक-मिर्च लगाकर तुझे बताया है। और तूने उसकी बात पर विश्वास भी कर लिया? मुझसे एक बार पूछा तक नहीं?”

रागिनी झटका खा गई। प्रदीप की नीयत को लेकर उसे उस रोज भी शक हुआ था, लेकिन उसके बाद चीजें इतनी तेजी से बदलीं कि उस बारे में सोचने का मौका तक नहीं मिला। पांडे ने रिलेशन तोड़ दिया। वीडियो वायरल करने और पुलिस में केस दर्ज कराने की धमकी देकर ठुल्ला ने उसको ब्लैकमेल करना चाहा और ये सब कुछ इतनी जल्दी में हुआ कि रागिनी उसी में उलझकर रह गई।

“टाइम ही नही मिला, पांडे। लाइफ में ऐसा बवंडर मचा हुआ था कि क्या कहूँ? खैर, हटा अब इन बातों को। ये बता, नौकरी क्यों गई तेरी?”

“तेरे चक्कर में गई है। तूने प्रदीप को खाली कागज वाली बात बता दी थी। अरे वही, पार्टी करते समय तूने प्रदीप से कह दिया था कि मैंने तुझे बताया है कि प्रदीप बस सादा कागज दिखाकर ब्लफ मार रहा है। उसी वीडियो को देखने के बाद बुल्ला ने मुझ पर गर्लफ्रेंड की खातिर चैनल से विश्वासघात का आरोप जड़ दिया।”

रागिनी खामोश हो गई। गिल्ट या कुछ और? उसके चेहरे को देखकर पता करना मुश्किल था। वो चुपचाप घूँट भरने लगी। पांडे कमरे में चहलकदमी कर रहा था। अचानक वो रागिनी की तरफ मुड़ा।

“और तू इस ठुल्ला की बीवी? किसी वीडियो के बारे में सुना है मैंने।”

“सही सुना है। ठुल्ला मुझे ब्लैकमेल करके अपने फार्महाउस ले गया था। मुझे जेल भेजने और वीडियो वायरल करने की धमकी दे रहा

था। अगर वो ऐसा कर देता तो मेरी पर्सनल और प्रोफेशनल लाइफ तबाह होनी तय थी। जब तू वीडियो वाली बात सुनकर रिश्ता तोड़ सकता है तो फिर कोई दूसरा लड़का कैसे...?"

"रागिनी, सॉरी..." पांडे की आवाज में नमी महसूस की रागिनी ने।

"नहीं, 'सॉरी' जैसी कोई बात नहीं है, पांडे। मैं खुद को तेरे जगह रखकर सोचती हूँ तो शायद मैं भी वही करती जो तूने किया है। या फिर शायद मैं नहीं..."

बोलते-बोलते खामोश हो गई रागिनी। आँखों के किसी कोने में नमी का अहसास हुआ, लेकिन पांडे के सामने उसे उजागर नहीं होने दिया उसने। पांडे पहले से खामोश। बहुत देर बाद रागिनी नॉर्मल हुई।

"उस रोज भी इसी तरह हाईली कन्फ्यूज्ड थी मैं, पांडे। कुछ समझ नहीं आ रहा था। तू मेरी लाइफ से जा चुका था। और किसी से कुछ कह नहीं सकती थी। इधर ठुल्ला की ब्लैकमेलिंग! मैं ये सोच-सोचकर दहल रही थी कि अगर वो वीडियो वायरल हो गया तो मेरा क्या होगा? इस तरह के सारे केस मेरी आँखों के सामने तैरने लगे थे। दिल्ली का वो एमएमएस कांड, उस एंकर का वो पर्सनल वीडियो! लास्ट-लास्ट तक मैंने मामले को मैनेज करने की कोशिश की, लेकिन आखिर मुझे सरेंडर करना पड़ा। वैसे इस बात का अन्दाजा था मुझे पहले से। पता था कि ठुल्ला कितना बड़ा वाला &^%%$ है। इसीलिए सेफ साइड में एक हिडेन कैमरा ले गई थी। बाद में उसी वीडियो को दिखाकर..."

पांडे के सामने पिक्चर क्लियर हो चुकी थी। रागिनी को भी उसके सवालों का जवाब मिल चुके थे। अब कई तरह के नए सवाल दोनों के मन में उभर रहे थे, लेकिन जवाब तलाशने का वक्त खत्म हो चुका था। आखिरी जाम के साथ पांडे ने रागिनी को फिर बधाई दी।

"खैर, चल। इट्स पार्ट ऑफ मीडिया लाइफ। चैनल की मालकिन बनने पर एक बार फिर से बधाई।"

"थैंक्यू।"

इस बार रागिनी ने उसकी बधाई कुबूल ली। मुलाकात से पहले का भाव बदल चुका था। दिमाग पर दिल फिर हावी हो रहा था। रागिनी को प्यार-मोहब्बत में बरबाद होनेवाली गुप्ता जी की बात याद थी, लेकिन रोकते-रोकते भी आखिर में उसकी आवाज लरज ही उठी। पांडे ने पहली बार रागिनी की आवाज में वो तपिश महसूस की थी।

"लेकिन तू अब क्या करेगा? नौकरी तो गई तेरी।"

"कुछ दिन इन्तजार कर। बस, नौकरी गई है। पांडे जिन्दा है अभी।"

"मेरी कोई जरूरत हो तो बता देना।"

"तुझे भी कभी मेरी जरूरत पड़े तो बता देना। चीयर्स।"